ubu

PREFÁCIO **RAFAEL A. F. ZANATTA**

TRADUÇÃO **HUMBERTO DO AMARAL**

A CIDADE INTELIGENTE

TECNOLOGIAS URBANAS
E DEMOCRACIA

EVGENY MOROZOV

FRANCESCA BRIA

7	**PREFÁCIO**
	Rafael A. F. Zanatta

13	**PARTE 1**
21	1. A *smart city*: uma contra-história
31	2. Modo *smart* e neoliberalismo
47	3. Cidades de keynesianismo privado
57	4. Austeridade *smart*
65	5. Soberania tecnológica: uma solução possível?
73	6. Intervenções estratégicas e alianças potenciais

PARTE 2

81   1. Para além das *smart cities*:
alternativas democráticas e comunitárias

91   2. O direito à cidade digital:
rumo à soberania tecnológica

149 3. Criando alianças para além do
capitalismo digital predatório

155 **SOBRE OS AUTORES**

PREFÁCIO

RAFAEL A. F. ZANATTA

Evgeny Morozov e Francesca Bria são dois nomes essenciais nos círculos e movimentos que se propõem a pensar as interações entre tecnologia e sociedade de uma perspectiva crítica.

Bielo-russo, Morozov tornou-se conhecido por seus textos contrários à ideologia do Vale do Silício e às mensagens propagadas pelos evangelistas das Big Techs, modificando o modo como percebemos a influência das grandes empresas de tecnologia. Bria, italiana, tornou-se a voz mais importante do movimento de *datos comunes* ao liderar a Diretoria de Inovação Digital da cidade de Barcelona e capitanear o projeto DECODE, que objetiva criar um arranjo de governança comum dos dados pessoais dos cidadãos da capital da Catalunha.

Aqui, Morozov e Bria propõem uma contranarrativa sobre as *smart cities*, um dos termos mais utilizados na última década na legitimação de projetos que envolvem a contratação de soluções tecnológicas pelo poder público.

Sabemos bem como é a narrativa corporativa sobre as *smart cities*, pois ela está em toda parte. Diante da "revolução digital" e do novo mundo dos dados, descritos por essa narrativa, as cidades podem agora se tornar mais limpas, seguras e funcionais por meio do uso de sensores, dispositivos responsivos e microcomputadores capazes de se comunicar pela internet. Nesse cenário de "Internet das Coisas", bueiros seriam acoplados com sensores capazes de detectar níveis de chuva e de capacidade de escoamento. Sistemas de iluminação seriam responsivos à presença humana, promovendo eficiência energética e racionalização de recursos. Lixeiras poderiam identificar o tipo de material a ser reciclado, reprogramando sistemas de coleta seletiva. Estações de metrô poderiam contar com câmeras para detectar a posse de arma por passageiros, além de situações de perigo. Para cada uma dessas inovações, claro, governos podem contar com empresas de tecnologia.

Como argumentado por Morozov e Bria, o *"smart"* (de *"smart cities"*) se refere a qualquer utilização avançada de tecnologia nas cidades com o objetivo de otimizar o uso de recursos, produzir novos recursos, modificar o comportamento dos usuários ou promover outros tipos de ganho em termos de flexibilidade, segurança e sustentabilidade. Porém, o fenômeno que realmente importa é a economia política por trás desse uso da tecnologia. Para Morozov e Bria, só faz sentido iniciar uma discussão sobre cidades inteligentes se tivermos consciência da agenda neoliberal que ampara esse movimento e da estratégia de descentralização da governança nas cidades, que depende dessa crescente privatização de serviços públicos e de novas camadas de intermediação intensivas em dados.

Por essa razão, os autores iniciam o ensaio com uma explicação sobre como o discurso de austeridade é mobilizado em favor de uma pauta de descentralização e de privatização dos serviços públicos. Ao mesmo tempo, eles argumentam que gestores públicos são profundamente ignorantes quanto à existência do "extrativismo de dados" e às formas de monetização de dados pessoais a partir de infraestruturas, sensores e dispositivos utilizados no contexto de projetos de *"smart cities"*.

Após a crítica, o que os autores buscam é uma agenda municipalista em torno de "cidades rebeldes" e de "soberania tecnológica". O desafio é enorme. Eles sabem que nem mesmo grandes coalizões de cidades seriam capazes de fazer frente ao poder de análise de dados de Google, IBM, Cisco e outras grandes empresas. Por isso, defendem um conjunto de "intervenções pragmáticas" que podem suscitar boas discussões no Brasil.

Entre as intervenções em projetos de cidades inteligentes destacam-se quatro. A primeira é a possibilidade de que contratos com empresas privadas deem ênfase ao software livre e a alternativas *open source*, garantindo que os códigos sejam reutilizados, auditados e aproveitados pela comunidade. A segunda é a demonstração de que o interesse local é de fato atingido por esses projetos, evitando processos de captura por parte de agentes decisórios no nível executivo. A terceira é a possibilidade de múltiplas experimentações em escalas menores, permitindo que projetos que não gerem valor aos cidadãos sejam descartados. A quarta – e mais ousada – é a criação de regimes de governança coletiva de dados sobre pessoas, ambientes, objetos conectados, transporte e sistemas de energia. No limite, o que se defende nesse quarto ponto é a mudança do regime de propriedade dos dados, criando mecanismos jurídicos, econômicos e de governança para fortalecer o controle coletivo aos "bens comuns digitais" gerados pelos próprios cidadãos.

A ideia de governança coletiva de dados (os *data commons*) pode parecer distante ou utópica, mas é precisamente o que está sendo experimentado em alguns projetos-piloto como o DECODE, de Barcelona, financiado pela Comissão Europeia. Trata-se de uma plataforma em tecnologia *blockchain* que permite o registro das deliberações dos cidadãos com relação ao modo como os dados podem ser utilizados, em que condições podem ser compartilhados pelos controladores e com quais "limites de acesso". A ideia é pensar em "nossos dados", isto é, nos dados pessoais como recurso coletivo.

Evidentemente, a governança coletiva de dados é complexa. Como notado por Elinor Ostrom, Prêmio Nobel de Economia, a constituição de regras de governança de recursos comuns é mais problemática em grandes grupos e pode ser dificultada quando não há delimitação precisa sobre a natureza do recurso e as possibilidades de limitação de acesso, o que é justamente o caso de dados pessoais, recursos não rivais que podem ser facilmente duplicados e reutilizados. Um dos grandes debates hoje – sem resposta fácil – é a possibilidade de transposição das experiências da governança de recursos naturais para o campo dos recursos digitais, em especial dados pessoais capturados no contexto de intermediações da vida urbana.

Morozov e Bria fazem uma aposta firme e politizada nesse sentido, defendendo também a utilização de APIS (interfaces de programação de aplicativos) abertas, arranjos de compartilhamento compulsório de dados e o incentivo a modelos cooperativos de provisão de serviços. Todas essas alternativas integram uma abordagem distinta sobre as cidades inteligentes. Essa é a contranarrativa.

O Brasil possui uma forte tradição de software livre e de políticas de dados abertos, oriundos de diferentes movimentos sociais e de experiências políticas e governamentais. Ao mesmo tempo, é notável no país o movimento pela defesa de direitos digitais, que resultou no Marco Civil da Internet e na nova Lei Geral de Proteção de Dados Pessoais (LGPDP). O ensaio que você tem em mãos possui o potencial de aproximação dessas duas agendas, sugerindo que os direitos digitais – em especial a questão da titularidade dos dados – sejam pensados em uma estratégia de "infraestrutura comum" e de políticas abertas e locais.

Em tempos de intensificação do discurso de crise e austeridade no Brasil e de guinadas abruptas de pautas do governo federal, o ensaio de Morozov e Bria oferece inspiração para repensar as cidades e construir alianças entre movimentos sociais, tecnólogos, organizações políticas e cidadãos. Como escreveu um intelectual baiano que muito pensou nas cidades, "o mundo é formado não apenas pelo que já existe, mas pelo que pode efetivamente existir".

PARTE 1

| PARTE 1 | 12–13 |

Qualquer tentativa de atualizar a compilação clássica de Raymond Williams sobre os termos que traçam os contornos culturais contemporâneos, *Palavras-chave: um vocabulário de cultura e sociedade*,[1] deve reservar destaque para a palavra *"smart"* – esse substantivo essencial e predominante da era digital que tanto promete e que oferece tão pouco de concreto. Tudo é *smart* nos dias de hoje, desde as escovas de dente até o crescimento (*"smart growth"*), passando pelas casas (*"smart houses"*) – uma tentativa de capturar uma constelação de significados de expansão rápida e ao mesmo tempo ilusória, ambígua. O termo é frequentemente usado como sinônimo *sexy* e antenado de "flexível", "sagaz", "autoajustável", "inteligente", "autônomo", "engenhoso", "esguio" ou mesmo "ecologicamente responsável" – termos positivos, resplandecentes, que indicam uma emancipação, prometem sustentabilidade e nos asseguram de que nada será desperdiçado. Quem poderia ser contra tudo isso?

A *"smart city"* é certamente um dos conceitos *"smart"* mais proeminentes a conquistar a imaginação pública na última década. Também é um dos termos que traz mais consequências e é da maior importância política ao informar e moldar o trabalho de planejadores urbanos, arquitetos, operadores de infraestrutura, incorporadoras imobiliárias, secretários de transporte, prefeitos e indústrias inteiras. Como a maioria das coisas *smart*, a *"smart city"* não pode ser reduzida a uma única definição – um fator que com certeza ajuda a entender a rápida adoção e a proliferação dessa palavra da moda entre as elites das categorias profissionais. O que para alguns se refere em essência ao uso sensato e ecologicamente sustentável dos recursos da cidade, para outros significa a instalação de dispositivos

---

[1] Trad. de Sandra Guardini Vasconcelos. São Paulo: Boitempo, 2007.

inteligentes e interativos que prometem uma experiência urbana livre de inconveniências e ajudam a tornar as cidades ambientes ainda mais atraentes para o que tietes das cidades como Richard Florida chamam de "classe criativa"[2] – como os semáforos instalados em Roterdã, que em dias chuvosos priorizam os ciclistas em detrimento dos automóveis.[3] *Smart cities* atraem *smart citizens*, e *smart citizens* atraem *smart money*. Precisamos dizer algo mais?

O próprio conceito da *smart city*, incansavelmente promovido por toda uma indústria de empresas de consultoria, por feiras e exposições sobre cidades inteligentes, também já foi alvo de uma boa dose de críticas. Ainda que não sejam particularmente numerosos, seus críticos souberam, no entanto, se fazer ouvir ao atacar as abstrações irreais das visões utópicas por trás da *smart city* em razão de sua falta de conexão com os problemas de pessoas reais do mundo real, as cruzadas tecnocráticas em busca da dominação de nossa existência diária nas cidades (agora por meio de sensores em vez de zoneamento urbano) e sua obsessão quase pornográfica por vigilância e controle, além de sua incapacidade de qualquer pensamento que coloque os cidadãos (e não as corporações ou os planejadores urbanos) no centro do processo de desenvolvimento.[4]

---

2 Richard Florida. *The Rise of the Creative Class – Revisited*: Revised and Expanded. Nova York: Basic Books, 2014.

---

3 Ver <popupcity.net/rotterdam-traffic-light-prioritizes-cyclists-when-it-rains>.

---

4 Para mais exemplos, ver Adam Greenfield. *Against the Smart City: A Pamphlet*. Nova York: Do Projects, 2013; Richard Sennett. "No One Likes a City That's Too Smart". *The Guardian*, 4 dez. 2012; Anthony M. Townsend. *Smart Cities: Big Data, Civic Hackers, and the Quest For A New Utopia*. Nova York: W. W. Norton & Company, 2013; e Manu Fernández. "Descifrar las *smart cities*: ¿Qué queremos decir cuando hablamos de *smart cities*?". *Megustaescribir*, 2016.

PARTE 1

Talvez o fato de que muitas companhias de tecnologia tenham começado a pensar duas vezes antes de associar seus produtos e serviços ao rótulo *smart city* – produtos e serviços que, cinco anos atrás, sempre figuravam como parte desse sistema – seja uma evidência da força intelectual e da clareza de argumentos de seus detratores. O Google evita o termo por completo, e o responsável do departamento de cidades declara de forma explícita que rejeita o conceito de *"smart cities"*, já que as cidades sempre foram inteligentes.[5]

De fato, muitas das primeiras críticas feitas à *smart city* são válidas e ajudam a estabelecer pontos de contato entre análises sobre as cidades inteligentes e campanhas anteriores contra os excessos do urbanismo tecnocrático lideradas por pessoas como Jane Jacobs. A maior parte dessas críticas deixa de considerar, entretanto, que as cidades são também motores da acumulação capitalista, que são tanto agentes econômicos como agentes sociais, e que a maioria dos processos ocorridos nas cidades é impulsionada por forças econômicas e políticas que atuam há muito tempo – desde muito antes de vários dos atuais atores do mercado da *smart city* terem surgido.

A verdade é que o contexto de formação mais relevante para a maioria das cidades – pelo menos na América do Norte e em grande parte da Europa ocidental – tem sido o do neoliberalismo ou, mais precisamente, o da transição de um compromisso keynesiano e fordista para o urbanismo altamente empreendedor e financializado que emergiu e se expandiu no fim da década de

---

5 Ver entrevista com Daniel Doctoroff, disponível em: <charlierose. com/videos/25929>.

1970.[6] Como consequência, qualquer investigação sobre a dominância da ideologia *"smart"* (assim como qualquer tentativa de pensar além dela) deve começar com uma investigação sobre como ela se encaixa no contexto mais amplo de preceitos neoliberais que vêm restringindo a autonomia das cidades e com uma avaliação das escolhas econômicas que têm sido feitas nos últimos trinta anos.

Infelizmente, quase todas as críticas à *smart city* oferecem poucas reflexões sobre a geopolítica da pauta das cidades inteligentes – outro descuido grave. Como poderíamos explicar, por exemplo, a presença de *"smart cities"* na lista de políticas oficiais prioritárias da missão europeia do Departamento de Comércio dos Estados Unidos – listadas ao lado do Acordo de Parceria Transatlântica de Comércio e Investimento (TTIP) e do Mercado Único Digital?[7] E o que pensar do fato de que grandes companhias de tecnologia alemãs, chinesas e americanas (mediadas por líderes políticos desses três países) estão se digladiando em mercados como a Índia, que prometeu arrecadar 1 trilhão de dólares para desenvolver mais de cem *smart cities* nos próximos anos?

Este ensaio busca abordar algumas dessas lacunas ao investigar as conexões entre as infraestruturas digitais

---

6 Entre vários textos seminais que documentam essa mudança, ver David Harvey. "From Managerialism to Entrepreneurialism: The Transformation in Urban Governance in Late Capitalism". *Geografiska Annaler*. Series B. Human Geography, 1989, pp. 3-17; Bob Jessop. "Liberalism, Neoliberalism, and Urban Governance: A State-Theoretical Perspective". *Antipode*, v. 34, n. 3, 2002, pp. 452-72; Jamie Peck, Nik Theodore e Neil Brenner. "Neoliberal Urbanism: Models, Moments, Mutations". *SAIS Review of International Affairs*, v. 29, n. 1, 2009, pp. 49-66; Rachel Weber. "Selling City Futures: the Financialization of Urban Redevelopment Policy." *Economic Geography*, v. 86, n. 3, 2010, pp. 251-74.

---

7 Ver <2016.export.gov/europe/cseuropepriorities/index.asp>.

que reformularam a paisagem digital das cidades (como sensores, telas, algoritmos, roteadores, telefones celulares, câmeras e muitos outros ingredientes que emprestam o *smart* às "*smart cities*") e os programas políticos e econômicos urbanos já em curso ou que podem estar em via de implementação.

Este trabalho não fará afirmações categóricas de causalidade a respeito da interação entre infraestruturas tecnológicas e pautas políticas, mas tomará como certa a influência que umas exercem sobre as outras de maneiras variadas, sobrepostas e mutuamente constitutivas – e que não oferecem aos observadores caminhos fáceis para deduzir ou postular efeitos lineares, diretos e facilmente digeríveis entre elas. Com isso, tudo indica que as infraestruturas tecnológicas configuradas de modo mais alinhado com os dogmas do neoliberalismo (como a caracterização de dados coletados na cidade como *commodities* a serem vendidas e compradas em mercados secundários por meio da delegação de grande parte do transporte público para empresas como Uber, ou a adoção de abordagens menos intervencionistas com relação a empresas como Airbnb) dificultarão as experimentações de cidades com políticas e medidas econômicas não neoliberais. O contrário, felizmente, também é verdadeiro: infraestruturas tecnológicas desenvolvidas com base em princípios que se distanciam das ideias-chave do neoliberalismo (privatização, valorização do empreendedorismo acima de todas as outras formas de atividade econômica e social, rejeição da justiça social como objetivo legítimo das políticas públicas etc.) ajudarão a amplificar e a consolidar os esforços de cidades que buscam deixar o modelo neoliberal para trás em esferas não tecnológicas.

Como já ressaltado, o termo "*smart*" – tão vago quanto possível – demonstra uma flexibilidade semiótica enorme. Como exemplo está o fato de que, com as investidas da tecnocracia e da responsabilidade com ética [*accountability*] assomando no horizonte, a indústria da *smart city* não perdeu tempo em patrocinar as necessidades dos "*smart citizens*" e em enfatizar a importância de promover a "*smart participation*" (que, nem é preciso dizer, mostrou-se fácil de conciliar com o resto do pacote neoliberal). Da mesma maneira, adotamos uma abordagem igualmente flexível para a definição de nosso objeto de estudo.

No contexto deste trabalho, "*smart*" se refere a qualquer tecnologia avançada a ser implementada em cidades com o objetivo de otimizar o uso de seus recursos, produzir novas riquezas, mudar o comportamento dos usuários ou prometer novos tipos de ganho no que se refere, por exemplo, à flexibilidade, segurança e sustentabilidade – ganhos que decorrem essencialmente do ciclo de retroalimentação inerente à implementação e ao uso de dispositivos inteligentes providos de conectividade, sensores e / ou telas.

Uma definição tão ampla como essa ajuda a evitar os limites artificiais impostos pela própria indústria e possibilita levar em conta serviços oferecidos nas e para as cidades por empresas como Google e Uber – e que não estariam lado a lado com produtos e soluções autodefinidos sob o rótulo *smart city* oferecidos por companhias como Cisco ou IBM.

Não faz muito sentido construir uma *smart city* não neoliberal, libertada da Cisco e da IBM, para no fim descobrir que ela estava desde sempre subjugada às maquinações do Google ou da Uber. É evidente que o ponto nevrálgico aqui não é uma interpretação específica do caráter *smart*, mas antes suas consequências políticas e econômicas – que em geral continuam as mesmas, independentemente de os serviços em questão serem ou não caracterizados como "*smart*" ou apenas como "inteligentes", "interativos".

PARTE 1 | **18–19**

Até agora, o componente *"city"* do conceito das *smart cities* tem atraído bem menos atenção que o *"smart"*, mas mesmo assim ele demanda uma abordagem analítica igualmente crítica. Afinal, as cidades sempre ocuparam um lugar particularmente importante na imaginação neoliberal. A obra de Edward Glaeser, apoiada pelo proeminente *think tank* conservador Manhattan Institute, é um exemplo disso: como Jamie Peck apontou em um extenso ensaio crítico,[8] o "urbanismo" no trabalho de Glaeser se torna mais uma ferramenta a serviço da racionalização da superioridade da forma mercado sobre todas as outras, independentemente de quaisquer concessões mínimas que Glaeser faça com relação ao aquecimento global ou à desigualdade social. Da mesma forma, muitos libertários se empolgam com a ideia da "cidade voluntária",[9] em que todos os serviços essenciais – desde o atendimento de emergência até as escolas e as bases de polícia – são providos pelo mercado (ou, na melhor das hipóteses, pela "sociedade civil") e regulados por contratos privados. Nesse caso, conceitos como "cidade voluntária" são constantemente utilizados para demonstrar que, embora os dogmas neoliberais possam não funcionar na teoria, funcionam de fato na prática.

Em outras palavras, talvez o componente *"city"*, e não o *"smart"*, seja o mais vago e ambíguo: na medida em que as

---

8   Jamie Peck. "Economic Rationality Meets Celebrity Urbanology: Exploring Edward Glaeser's City". *International Journal of Urban and Regional Research*, 2016.

---

9   Ver David T. Beito, Peter Gordon e Alexander Tabarrok. *The Voluntary City: Choice, Community, and Civil Society*. Ann Arbor: University of Michigan Press, 2002; e Stephen Goldsmith. *Putting Faith in Neighbourhoods: Making Cities Work Through Grassroots Citizenship*. Washington DC: Hudson Institute, 2002.

---

cidades desempenham um papel importante na promoção de intervenções neoliberais particulares, um termo como "*smart city*" ajuda a consolidar esforços contraditórios (e que podem estar originalmente ligados a linhas de pensamento bastante diferentes) em um todo coerente, ao criar um argumento quase inatacável a favor da superioridade da forma mercado sobre todas as outras.

01

A *SMART CITY*: UMA CONTRA-HISTÓRIA

A falta de força da defesa corporativa da *smart city* vai ficando mais evidente conforme se percebe que em geral a história desse conceito é contada em poucas e breves frases impressas em curtos folhetos publicitários de serviços corporativos – esses folhetos se tornaram o principal e praticamente único meio literário dessa indústria. Histórias contemporâneas das *smart cities* são, como um artigo acadêmico descreveu de maneira muito vívida,[10] exemplos perfeitos de *storytelling* corporativo: despidas de toda política e de vozes de contestação, essas narrativas celebram a marcha inexorável do progresso e da inovação, bastante acelerada pelo engenho e pela inventividade do setor privado.

Desse modo, as *smart cities* são invariavelmente apresentadas como o apogeu lógico da tecnologia das cidades – e da evolução guiada pela informação, cujo crescimento e ubiquidade são detidos apenas pelos limites de inventividade de cada civilização, e não por fatores externos políticos ou econômicos. Instâncias anteriores dessa mesma ideia – a cidade midiática, a cidade informacional, a cidade telemática, a cidade de bits – quase nunca são mencionadas. Nas raras ocasiões em que são citadas, aparecem para demonstrar a falta de capacidade de adaptação

---

10 Ola Söderström, Till Paasche e Francisco Klauser. "Smart Cities as Corporate Storytelling", *City*, v. 18, n. 3, 2014, pp. 307-20.

desses conceitos, em termos tecnológicos, às visões utópicas investidas neles. Quase nunca se oferece um contexto para a súbita explosão de "*smart*" como a alcunha *du jour*, como se o termo tivesse simplesmente caído do céu e, de cidade em cidade, logo tivesse encontrado aliados capazes de reconhecer seu valor.

Os acadêmicos que analisaram a genealogia do termo mostram que sua origem (assim como sua extraordinária recepção global) está presente na reorientação de grandes empresas, como a IBM, para além de seus modelos tradicionais de negócios de venda de hardware e software, no sentido de oferecer serviços – inclusive de consultoria.[11] Ao embarcar na estratégia de construção de um planeta "mais inteligente", a IBM, voltada para as várias necessidades de otimização tanto no setor público como privado (o que acabou culminando na produção de mais uma palavra da moda – "computação cognitiva" –, sobre a qual Watson[12] supostamente reina), teve a sorte de trombar com o uso do termo "*smart*" para qualificar cidades e ampliou sua circulação na comunidade de negócios[13] (a IBM chegou a patentear o termo "*smarter cities*", mas no fim acabou se decidindo por "*smart cities*").

---

11 Ver Sotirios Paroutis, Mark Bennett e Loizos Heracleous. "A Strategic View on Smart City Technology: The Case of IBM Smarter Cities during a Recession". *Technological Forecasting and Social Change*, v. 89, 2014, pp. 262-72; e Leonidas G. Anthopoulos, "Understanding the Smart City Domain: A Literature Review", in: Manuel P. Rodríguez Bolívar (org.). *Transforming City Governments for Successful Smart Cities*. Nova York: Springer International Publishing, 2015, pp. 9-21.

---

12 Watson é o nome dado à plataforma de serviços cognitivos para negócios desenvolvida pela IBM. [N. T.]

---

13 Donald McNeill. "Global Firms and Smart Technologies: IBM and the Reduction of Cities". *Transactions of the Institute of British Geographers*, v. 40, n. 4, 2015, pp. 562-74.

| PARTE 1 | 22–23 |

Os muitos predecessores que, em detrimento da dimensão tecnológica, enfatizaram a dimensão ecológica do caráter *smart* – a cidade verde, a cidade *eco-friendly*, a cidade sustentável, a cidade carbono-zero –, também são raramente evocados, mesmo que a necessidade de corte das emissões de poluentes e dos custos de energia tenha sido o principal motor a levar as cidades a experimentar tecnologias inteligentes e continue a ser o fator responsável por humanizar a pauta da *smart city* corporativa. Na ausência de outras soluções mais acessíveis e de aplicação imediata para deter as mudanças climáticas, as cidades continuarão buscando soluções digitais corporativas – ao mesmo tempo que qualquer oposição significativa a esse processo poderá resultar na ira dos ambientalistas.

Do ponto de vista das cidades, as motivações que levaram a optar por soluções da *smart city* podem ser grosseiramente classificadas em dois tipos: normativas e pragmáticas. As primeiras se referem a esforços de longo prazo para a implementação de tecnologias voltadas para o alcance de metas políticas ambiciosas e universalmente aceitas, como o incentivo à participação política dos cidadãos comuns; o auxílio na personalização de serviços públicos e a desburocratização de governos nacionais e locais; e a criação de ambientes urbanos mais agradáveis e menos discriminatórios capazes de estimular o crescimento econômico, reduzir tensões e promover a criatividade e as descobertas inesperadas.

O segundo tipo de motivação, o da variedade pragmática, abrange um leque de objetivos muito mais amplos e heterogêneos. Algumas cidades buscam tecnologias *smart* por suas promessas de imensa economia no fornecimento de serviços ligeiramente similares ou até mesmo melhores durante épocas de cortes orçamentários e de austeridade severa. Outras as procuram por desejarem reforçar a segurança e o policiamento, particularmente durante a realização ou na véspera dos chamados megaeventos, como as Olimpíadas, que acabaram por se tornar a tábua de salvação econômica de muitas cidades que se viram obrigadas a substituir sua base industrial pelo turismo. Ao lado dos sensores presentes em grande parte do ambiente urbano e das novas técnicas de policiamento preditivo, as câmeras *smart* de circuito-fechado permitem que as cidades exerçam controle efetivo e direcionado sobre áreas que até então eram difíceis de serem alcançadas e governadas.

Em conjunto com drones que são aperfeiçoados a cada dia e com uma nova geração de robôs de policiamento, as tecnologias *smart* alimentam um contexto de urbanismo altamente militarizado e antes restrito a zonas de conflito como Faluja, no Iraque.[14]

Por fim, algumas cidades optam pelas tecnologias *smart* com a expectativa da resolução pragmática de problemas específicos de determinados centros urbanos: congestionamentos causados por infraestruturas viárias caindo aos pedaços; falta de empregos, que – com alguma sorte – poderá ser resolvida com a entrada de *smart money* nos distritos urbanos inteligentes e criativos, seguido de *smart citizens*; ou sistemas de coleta e descarte de resíduos ineficientes que obstruem ruas e frustram os cidadãos, seja pelo fato de os caminhões de lixo parecerem grandes demais quando há pouco lixo ou estarem sempre sobrecarregados quando mais se precisa deles. Imaginemos: ciclos de retroalimentação em tempo real, instantâneos, com a capacidade de aprender, ouvir e se ajustar graças a sensores inteligentes instalados em latas de lixo *smart* que poderiam então comunicar aos caminhões mais próximos

---

14 Stephen Graham. *Cities Under Siege: The New Military Urbanism*. Nova York: Verso Books, 2011.

que precisam ser esvaziadas – alguma vez houve uma solução inteligente para o problema da coleta do lixo?

O MERCADO DA "*SMART CITY*" E DAS TECNOLOGIAS RELACIONADAS A ELA

De acordo com grandes empresas de consultoria empresarial, espera-se que o mercado da *smart city* movimente 3 trilhões de dólares em 2025 – e que, assim, exceda o tamanho de todos os setores tradicionais de negócios. O McKinsey Global Institute, por exemplo, estima que o impacto econômico potencial de novos aplicativos e produtos da Internet das Coisas (IOT) será de 3,9 a 11,1 trilhões de dólares em 2025 (a IOT é um componente essencial de muitas tecnologias constitutivas da "*smart city*"). Abaixo listamos alguns exemplos de produtos-chave da "*smart city*" oferecidos pelas multinacionais que estão moldando o mercado.

SIEMENS

Infraestrutura de negócios e serviços de análise de ativos para manutenção preditiva

O modelo de negócios *smart* da Siemens de integração de sistemas se baseia na "transformação de inteligência integrada em infraestruturas" e na alavancagem financeira da administração *smart* de ativos, de redes elétricas inteligentes e, em particular, de sistemas de manutenção de edifícios. As plataformas de manutenção predial da Siemens, como a Desigo CC, integram proteção contra incêndios, segurança, automação predial, aquecimento, ventilação, iluminação e condicionamento de ar, além de produtos e serviços de administração de energia. A Siemens também tem se concentrado na promoção de modelos de indústria 4.0 e na prestação de serviços de consultoria na elaboração de projetos para que empresas digitalizem suas fábricas.

IBM

Centro de Operações Inteligentes para a segurança pública e o policiamento

A IBM tem promovido sua estratégia para um planeta "mais inteligente" com o objetivo de concentrar a análise de grupos interconectados de informação coletada nas cidades e de inseri-los em sistemas e infraestruturas que facilitem as operações de controle, captura e otimização do uso de recursos. Para reforçar essa visão, fundou Centros de Operações Inteligentes (COI) que permitem a otimização do uso de informações essenciais armazenadas em diversos sistemas espalhados por distintos setores a fim de beneficiar a população das cidades, sua economia e seus ecossistemas mais amplos. Foram implantados COIs no Rio de Janeiro, em 2010, para facilitar a prevenção de enchentes e o controle de sistemas de transporte e em Miami para gerenciar a operação de estádios de futebol americano, auxiliar na tomada de decisões com base na análise de dados e minimizar perturbações na prevenção de problemas com o público. As soluções oferecidas pela IBM para a aplicação da lei, para o policiamento preditivo e para a prevenção de crimes levaram à criação de centros inteligentes de policiamento e de centros de combate ao crime em tempo real. Em Atlanta e em Chicago, por exemplo, a IBM usa tecnologias de reconhecimento facial, de monitoramento avançado por vídeo e de vigilância ostensiva para fornecer informações precisas à polícia, permi-

PARTE 1 | 26–27

tindo que as autoridades detectem padrões na prática de crimes com base na análise de Big Data.

CISCO

"A Internet de Todas as Coisas"

A Cisco, com seu programa Smart+Connected Communities, é uma das maiores empresas divulgadoras de soluções *smart* urbanas. Muitas cidades instalaram sistemas da Cisco a fim de integrar dados provenientes de sensores de todo tipo, soluções tecnológicas, aplicativos, plataformas e processos de análise de informações para administrar serviços urbanos. Centros Integrados de Comando e Controle já foram instalados em Dubai, Kansas City, Adelaide, Hamburgo e Bangalore para gerenciar uma série de serviços urbanos presentes em setores como o de energia, de e-governo e de logística. Atualmente, a Cisco promove plataformas mais recentes da Internet de Todas as Coisas – como soluções de computação em névoa, capazes de reunir, processar e conduzir análises a partir da periferia de uma rede, de onde elas podem ser postas em ação mais rapidamente.

PHILLIPS

Iluminação LED conectada

A Phillips entrou no mercado das *smart cities* com o desenvolvimento de soluções de iluminação LED que, combinadas com sistemas inteligentes de controle de iluminação e sensores voltados à segurança e à proteção em espaços públicos, dentro de edifícios e em residências, prometem eficiência energética e economia de gastos com manutenção. Seu sistema de gerenciamento de iluminação pública CityTouch e sua plataforma de controle também introduziram um novo modelo para investimentos em infraestrutura urbana, no qual novas funcionalidades relacionadas à iluminação podem ser adicionadas a sistemas urbanos obsoletos de modo contínuo. A Phillips tem trabalhado ao lado de governos para introduzir novas políticas e novos enquadramentos contábeis que favoreçam esses novos modelos baseados na venda de infraestrutura de iluminação pública como serviço. Além disso, desenvolveu um modelo "pay-per-lux", uma plataforma intermediária que considera produtos como bancos de recursos e facilita seu gerenciamento entre produtor, fornecedor e usuário final. Exemplos já foram implementados em Buenos Aires, Los Angeles, Bangkok, Holbaek, na Dinamarca, Tenerife, na Espanha, entre outros.

SMART CITIES E VIGILÂNCIA

Uma das aplicações de tecnologias de *smart cities* que recebe mais atenção continua sendo a Sala de Operações da IBM no Rio de Janeiro, que recebeu grande cobertura midiática durante o período de preparação para a Copa do Mundo de 2014. Muito do valor atribuído a essas tecnologias decorre da integração de sistemas: mais especificamente, elas coletam *feeds* de dados que já existem e que emanam de repartições públicas e de fornecedores privados e os integram a uma interface de fácil manuseio e de alta visibilidade que, por sua vez, promete mecanismos de resolução de problemas eficientes e imediatos ao alcance da mão, ou, mais precisamente, com o clique de um mouse.

Os dados exibidos são, na maior parte das vezes, de natureza bastante corriqueira ou administrativa: índices pluviométricos, características da coleta de lixo, índices de trânsito etc. Contudo, um alto grau de integração de sistemas, especialmente quando combinado com imagens de gravações de circuito interno e com softwares de reconhecimento facial avançados, traz à tona uma série de preocupações ligadas à privacidade e ao excesso de vigilância. Além disso, a onda de euforia *smart* resultou na reformulação de muitos produtos tradicionalmente classificados como ferramentas de vigilância e de policiamento preditivo, que passaram a ser considerados componentes essenciais do pacote de *smart city*. O programa CityNext, da Microsoft, por exemplo, oferece "soluções de segurança pública e de administração da justiça" e tem seus produtos e serviços direcionados à polícia local. O CityNext também inclui diversos produtos que vão muito além dos problemas específicos de uma cidade: sua iniciativa de "gerenciamento de prisões e criminosos", por exemplo, promete "localizar e acompanhar criminosos em todo o sistema prisional". Muitas dessas soluções dificilmente podem ser consideradas novidade e já foram objeto de críticas generalizadas de criminologistas (via de regra, o policiamento preditivo reforça desigualdades sociais existentes, uma vez que se baseia em dados enviesados), mas suas desvantagens muitas vezes são colocadas em segundo plano à medida que seus programas mudam de nome e são vendidos como parte de um pacote *"smart city"* mais amplo.

PARTE 1   30–31

02

MODO *SMART* E NEOLIBERALISMO

As dinâmicas e os imperativos concorrentes dessas três linhas de pensamento podem ser apreendidos sem que seja necessário recorrer ao enquadramento histórico ou analítico. No entanto, outras considerações emergem assim que somamos à equação o fato de que a maior parte das cidades que embarcou em experiências ligadas à *smart city* também foi capturada por dispositivos regulatórios do neoliberalismo.

Em primeiro lugar, se o neoliberalismo se caracteriza pela transição de uma forma de governo imposta por uma administração centralizada para uma gestão apoiada na governança descentralizada, como muitos estudiosos têm afirmado ao longo dos anos, então também devemos estar atentos aos mecanismos exatos (e aos facilitadores tecnológicos) dessa forma mais recente, mais flexível e menos óbvia de poder. Um desses mecanismos, identificado na florescente literatura dedicada ao neoliberalismo em geral,[15] assim como na literatura de certa forma menor sobre o neoliberalismo e as cidades,[16] é a importância cada vez

---

15   Ver Diego Giannone. "Neoliberalization by Evaluation: Explaining the Making of Neoliberal Evaluative State". *Partecipazione e Conflitto*, v. 9, n. 2, 2016, pp. 495-516.

16   Ver Francis J. Greene, Paul Tracey e Marc Cowling. "Recasting the City into City-Regions: Place Promotion, Competitiveness Benchmarking and the Quest for Urban Supremacy". *Growth*

maior de que se revestem os rankings, as tabelas de competitividade e as pontuações comparativas. Os índices de endividamento de cidades produzidos por agências de risco como Moody's ou Standard & Poor's representam o cerne dessa tendência, marcada pela competição entre cidades por notas mais favoráveis que determinem os encargos financeiros dos empréstimos tomados por elas. Nos dias de hoje, essa função é ainda mais acentuada pelas compilações de vários rankings – voltados à medição de inovação, criatividade ou até mesmo do caráter *smart* propriamente dito – por complexos urbano-filantro-capitalistas emergentes de *think tanks*, fundações e ONGS supostamente neutras que determinam as restrições e os parâmetros gerais dentro dos quais as cidades agora competem.

SMART CITIES PARA ALÉM DO OCIDENTE

Ao contrário da Europa ocidental, da América do Norte e de partes da América do Sul, onde a *smart city* gravita principalmente em torno de melhoramentos de infraestrutura em cidades já existentes, podemos encontrar muitos exemplos de *smart cities* construídas do zero na Ásia, na Índia e, em menor grau, na China. Assim, enquanto o discurso predominante da *smart city* no Ocidente está frequentemente afinado com o das privatizações de serviços públicos já constituídos, no Oriente a discussão é muitas vezes guiada por imperativos de urbanização dirigida pelo Estado e de formalização de indústrias e serviços criados em situação de informalidade – não raro sobrepostos a discursos de inclusão financeira e empreendedorismo (como na Índia) ou de ecologia e sustentabilidade

---

and Change, v. 38, n. 1, 2007, pp. 1-22; e Jason Hackworth. *The Neoliberal City: Governance, Ideology, and Development in American Urbanism*. Ithaca: Cornell University Press, 2007.

(como na China). Em ambos os casos, o termo *"smart"* parece uma alcunha menos problemática para um conjunto de medidas e de recomendações neoliberais bastante convencionais, cuja reativação, agora, passa a encontrar bem menos resistência política.

A Smart City Mission [Missão Smart City] da Índia, um dos mais ambiciosos programas governamentais de desenvolvimento de *smart cities* do mundo, tem como objetivo a construção de mais de cem cidades desse tipo por todo o país. Esse esforço causou o previsível interesse de consultores e atraiu a atenção de grupos internacionais, muitos dos quais veem o ramo das *smart cities* como mais uma oportunidade para reagrupar e reinstrumentalizar seus serviços de sinalização de tráfego para a era digital. Desse modo, empresas chinesas, russas, japonesas, americanas, alemãs e francesas se mostraram interessadas na construção das *smart cities* indianas. Como era previsível, o programa também contou com repercussão negativa entre acadêmicos e ativistas, que afirmaram que seu conteúdo era muito conveniente aos planos gerais do primeiro ministro Narendra Modi, voltados a tornar a Índia mais atraente ao capital estrangeiro, mesmo que para isso houvesse aumento na desigualdade social, na desregulamentação (especialmente com relação ao interesse de designar algumas dessas cidades como zonas econômicas especiais), na discriminação e na alocação de recursos públicos para atender a necessidades e interesses das elites abastadas que muito provavelmente vão povoar as *smart cities* indianas (que, nem é preciso dizer, são também imaginadas como cidades "globais"). A Índia é um país em que bilionários e corporações já constroem suas cidades particulares e completamente privatizadas (como Lavasa ou Gurgaon) – o que garante que o ultraje causado pela construção de mais de cem *smart cities* nos próximos anos não será tão grande quanto se poderia esperar.

O desempenho das cidades com base nesses indicadores secundários, por sua vez, induz a percepção dos investidores sobre a competitividade desses centros urbanos – o que, então, influencia as notas dadas pelas agências de risco e, por fim, afeta os encargos financeiros ligados às operações de crédito realizadas pelas cidades. Em razão de cortes orçamentários promovidos por governos federais ou nacionais, a maior parte das cidades contrai empréstimos por falta de outras alternativas: a piora das condições econômicas em muitas delas – mais evidente na iminente crise dos fundos de pensão no setor público – resulta em desgastes financeiros adicionais. Como consequência, as cidades não precisam acolher algo como um forte desejo racional de ser *smart* para embarcar em algum tipo de pauta da *smart city* – qualquer outra opção significaria arriscar sua posição no mercado internacional de títulos.

Paralelamente a isso, há uma pressão para que muitas cidades quantifiquem o desempenho de suas várias partes constitutivas a fim de torná-las mais confiáveis, competitivas e administráveis – outro fenômeno geralmente associado à ascendência do neoliberalismo e de sua "sociedade da auditoria" ou de sua "lógica da disciplina",[17] a depender das preferências teóricas de cada um. Ainda que o ímpeto pela quantificação – liderado por cidades como Boston, que tem seu próprio índice de "pontuação da cidade" – raramente seja vinculado ao fenômeno das *smart cities* (não no discurso popular, pelo menos), é bastante óbvio que a

---

17 Michael Power. *The Audit Society: Rituals of Verification*. Oxford: OUP Oxford, 1997; e Alasdair Roberts. *The Logic of Discipline: Global Capitalism and the Architecture of Government*. Nova York: OUP USA, 2011.

mentalidade de ranqueamento-de-todas-as-coisas em que ele se baseia só é possível em cidades capazes de coletar, analisar e processar quantidades massivas de dados. Assim, querendo ou não, a pauta das *smart cities*, em conjunto com a infraestrutura de sensores e de conectividade promovida por ela, também abre muitas portas para o tipo de quantificação obcecada por auditorias celebrada pelo neoliberalismo.

Um olhar analítico bem treinado em métodos, técnicas e aspirações neoliberais pode nos ajudar a revelar muitas outras dimensões da problemática das *smart cities* que em geral escapam daqueles que a observam de uma perspectiva puramente técnica. Nas últimas três décadas, à medida que a lógica do corporativismo e do liberalismo incrustado no horizonte político da Europa ocidental e da América do Norte foi dando lugar à lógica do capital altamente globalizado e fluido, privilegiando os interesses financeiros em detrimento das necessidades de qualquer outro setor da sociedade (inclusive da economia produtiva), as cidades, como todas as demais unidades sociais, se viram submetidas a uma gigantesca pressão tanto para reverter algumas das instituições do estado de bem-estar social como para implementar inovações políticas próprias.[18]

Dois desses processos são particularmente importantes para nossa discussão: de um lado, a delegação e a subcontratação de agentes particulares para atribuições até então reservadas a instituições públicas; de outro, a injeção de capital financeiro privado – na maioria das vezes, de fundos de pensão, seguradoras, variados fundos alternativos de gestão de ativos – no gerenciamento, na

---

18 Jamie Peck e Adam Tickell. "Neoliberalizing Space." *Antipode*, v. 34, n. 3, 2002, pp. 380-404.

manutenção e na construção de infraestruturas, a maior parte das quais operando em âmbito local. Ambas possuem conexões significativas (ainda que subexploradas) com a pauta das *smart cities*, já que dependem de uma vasta infraestrutura de coleta, de análise e de manejo de dados para que deem certo e se proliferem.

A subcontratação pode, é claro, ser descrita como um estágio mais avançado de privatização dos serviços públicos – de fato, tal descrição estaria completamente correta. Mesmo que os fornecedores de serviços específicos e a distribuição de atribuições entre eles e as instituições públicas variem em cada país, muitas semelhanças podem ser identificadas. Em primeiro lugar, essa subcontratação é, muitas vezes, facilitada pelas empresas contábeis de consultoria conhecidas como Big Four (Ernst & Young, Deloitte, PWC e KPMG), algumas das quais agora também operam como provedoras de tecnologia e investem pesado em tecnologias como *blockchain* e Big Data.

Algumas empresas falam em "soluções econômicas" (Deloitte), enquanto outras prometem "resultados econômicos" (Accenture). O resultado final, porém, é o mesmo: esse modelo tem como base a comoditização de soluções para problemas sociais e políticos, o recrutamento de agentes que tradicionalmente não seriam parte das "soluções" (como bancos e outras instituições financeiras) e a utilização de análise e mensuração de dados a fim de avaliar se objetivos ou resultados específicos estão sendo alcançados, em paralelo com intervenções pontuais destinadas a guiar o processo em direção a tais resultados. Nada disso seria possível sem a vasta infraestrutura destinada a rastrear e controlar recursos físicos e humanos, com a quantificação de desempenho abrindo estradas para outros e mais avançados tipos de experimento que serão realizados a partir daí.

A rápida proliferação de contratos de impacto social ilustra a lógica operativa da economia híbrida das "soluções" ou dos "resultados" que está em jogo. Esses contratos são celebrados por governos e financeiras como Goldman Sachs à medida que as atribuições são delegadas a determinado setor, como prisões ou escolas. As financeiras se comprometem a alcançar um objetivo específico, como índices de reincidências no caso de prisões ou de alfabetização nas escolas, e somente são pagas por seus serviços se as metas forem alcançadas. Com o intuito de encorajar financeiras a participar de empreitadas desse tipo, os riscos dessas operações são muitas vezes assumidos por fundações, que, arrebatadas por seu próprio êxtase filantrópico, adorariam ver o Terceiro Setor subserviente à lógica da financeirização.

DAMAS DE COMPANHIA DO NEOLIBERALISMO DA *SMART CITY*: EXPOSIÇÕES, FUNDAÇÕES, EMPRESAS DE CONSULTORIA

Ainda que situado frequentemente na periferia do discurso da *smart city*, um conjunto de agentes que não são nem governos locais nem empresas de tecnologia tem exercido influência considerável no tom da discussão ao apoiar a cobertura midiática contínua dada às *smart cities* e ao criar uma vasta coleção de rankings sobre vários aspectos do modo *smart* para encorajar cidades a competir umas contra as outras. Nem todos esses agentes têm interesses explícitos nas *smart cities* – alguns foram atraídos a elas indiretamente ao perseguir outros objetivos políticos ("resiliência", no caso da Fundação Rockefeller, uma grande financiadora de iniciativas – inclusive jornalísticas – voltadas à resiliência; "transparência" e "boa governança" no caso de grandes instituições de desenvolvimento como o Banco Mundial). Ao perceber as oportunidades surgidas pela reestruturação em curso de governos locais, a maioria das empresas de consultoria fundou seus próprios departamentos e institutos voltados a resolver os problemas das cidades. Muitas conferências e exposições de destaque – que costumam combinar a apresentação de produtos com palestras destinadas a inflar com conteúdo o assunto um pouco murcho da *smart city* – também surgiram, de início na Europa e na América do Norte, mas cada vez mais também na América Latina e na Ásia. Assim como o discurso da *smart city* é hegemônico nas discussões a respeito dos problemas enfrentados pelas cidades modernas, essas instituições intermediárias – fundações, exposições e empresas de consultoria – são responsáveis por dar ao assunto um matiz neoliberal particular.

A prática é extremamente controversa, e muitos desses experimentos já falharam. Essa circunstância, porém, não deve nos desencorajar de buscar uma característica importante do que um contrato de impacto social bem-sucedido oferece a partir da perspectiva, digamos, da Goldman Sachs: ele requer a habilidade de monitorar e extrair o máximo de valor dos recursos administrados, o que leva à vigilância perpétua combinada com "cutucadas"[19] e outras formas de produção de comportamentos almejados. Além disso, caso a capacidade de monitoramento se mostrasse insuficiente, seria vantajoso possuir os meios necessários à produção de estatísticas tão obscuras e inacessíveis que a entidade operadora – no caso, a Goldman Sachs – pudesse afirmar ter batido todas as metas e requisitar o pagamento dos valores combinados (como acontece com

---

19 "Cutucada", do inglês *nudging*, é um conceito relacionado ao campo da arquitetura da escolha, série de preceitos organizacionais que pretendem conduzir, de maneira indireta, a tomada de decisões de usuários de um bem ou serviço. [N. T.]

PARTE 1 38–39

frequência em projetos reais financiados por contratos de impacto social). A entrega do controle dessas capacidades estatísticas e computacionais – uma consequência inevitável da *smart city* privatizada – é garantia de ser constantemente enganado por fornecedores privados de serviços.

A injeção de capital financeiro no fornecimento de infraestrutura opera de acordo com uma lógica bastante similar. Quase nenhum agente da indústria, de fundos de gestão de ativos a empresas de *private equity* [ações de empresas privadas], tem a intenção de manter por muito tempo as infraestruturas em que investem; em geral, esperam obter ganhos especulativos suficientemente grandes e abandoná-las no intervalo de uma década (ainda que, mesmo nas hipóteses em que os ganhos especulativos não se mostram tão altos, a maior parte dessas empresas ganhe dinheiro independentemente de seus resultados por meio de taxas de administração e sobre transações).

A desvantagem evidente desse modelo é o subinvestimento crônico e a falta de planejamento de longo prazo quanto a essas infraestruturas, já que investidores com visão de curto prazo não se sentem motivados a custear melhoramentos caros nessas instalações. Isso, no entanto, é apenas uma parte do problema, uma vez que investidores também procuram extrair o máximo dos ativos gerenciados no menor tempo possível, muitas vezes depreciando-os muito mais rápido do que aconteceria com um operador ou proprietário de longo prazo.

A EMERGÊNCIA DA INFRAESTRUTURA COMO CLASSE ALTERNATIVA DE ATIVOS

A estagnação da economia global e as baixas taxas de juros decorrentes dela são responsáveis por um interesse crescente de investidores – de fundos de pensão a empresas "boutique" de gestão de ativos – em infraestrutura. Entre várias alternativas de ativos, esse tipo de aplicação ocupa um papel menor se comparado com investimentos em *private equity*, em fundos multimercados ou em capital de risco. Alguns aspectos dessa classe de ativos em especial, no entanto, tornam a infraestrutura – considerada desde a operação de estradas com pedágio até o gerenciamento de aeroportos e redes de esgoto – bastante atraente para os investidores, na medida em que oferecem retornos estáveis e de longo prazo e são bem protegidas contra flutuações inflacionárias e econômicas. Investimentos em infraestrutura são em geral de dois tipos: *greenfield* (em que a infraestrutura em questão é construída do zero e por isso há mais riscos, mas também maiores resultados) e *brownfield* (em que se investe em infraestruturas que já existem, poupando os investidores dos riscos mais elevados associados à construção, mas também diminuindo os retornos esperados). Os dois tipos geralmente envolvem vários níveis de governos, já que muitas infraestruturas são financiadas por meio de parcerias público-privadas nas quais muitas vezes as autoridades locais concedem aos operadores particulares a operação de certas atribuições em troca de adiantamentos substanciais calculados a partir dos lucros previstos. É comum que esses modelos incentivem o operador a cortar custos (por meio da ausência de manutenção, por exemplo) e a extrair o máximo de rendas (por meio da cobrança de taxas diferenciadas de usuários com base na quantidade de recursos que eles consomem ou, digamos, em suas capacidades econômicas). A ubiquidade do *smart* e de infraestruturas sensoriais sempre conectadas permite aos investidores seguir ao mesmo tempo duas estratégias:

os custos podem ser minimizados e totalmente repassados para os usuários, enquanto a possibilidade de reconhecer os usuários e de relacionar qualquer ato de consumo praticado por eles a suas histórias de vida facilita a fixação de um preço que dificilmente será rejeitado pelo consumidor. Desse modo, a proliferação de sensores, de conectividade e de análise de dados no ambiente urbano tende a entrincheirar o modelo altamente financeirizado de abastecimento de infraestruturas. O mesmo vale em certa medida para o mercado imobiliário, no qual a capacidade de modernização de prédios por meio da instalação de sensores e a possibilidade de engajá-los com formas sofisticadas de gerenciamento de imóveis supostamente valorizariam os bens em questão.

Esse processo é conhecido no jargão da indústria como "fazer o ativo suar" – uma prática comum entre investidores em infraestrutura.

Isso acontece de várias maneiras. Um método consiste em cobrar dos usuários os maiores preços que eles são capazes de tolerar, em geral um valor bastante alto, já que a maior parte dos bens e ativos relacionados a infraestruturas é escassa e não possui alternativas de fácil acesso. Outro método explora bens ou serviços de forma mais intensa, garantindo que eles nunca estejam em repouso e aumentando quase ao máximo sua capacidade de utilização. Essa técnica poderia significar uma empreitada de difícil execução vinte ou trinta anos atrás, mas, com os sensores de hoje e a capacidade de estar em todos os lugares, localizar usuários alternativos para infraestruturas ociosas é tão fácil quanto encontrar inquilinos para um apartamento desocupado via Airbnb.

Em outras palavras, "fazer o ativo suar" pressupõe a mesma infraestrutura *smart* de sensores, conectividade e computação básica necessária à economia de resultados e de soluções: técnicas neoliberais aparentam ser bem menos eficientes na ausência de tecnologias de infraestrutura voltadas a ativá-las e a lucrar a partir delas. A necessidade de cobrar preços diferentes de usuários com base em sua capacidade ou em sua disposição a pagar também aponta para a relevância dos dados pessoais e de reputação para a proliferação desse modelo: enquanto a diferenciação de preços continuar a ser a melhor maneira de maximizar o fluxo de rendimentos de um ativo, poderemos ter certeza de que sensores – incluindo sensores altamente avançados de biometria, capazes de nos identificar e de relacionar nosso rosto com nossas contas em redes sociais – continuarão a invadir nossas cidades.

Sem a observação dos motores políticos e econômicos subjacentes, a tentativa de explicar a proliferação de ativos e da conectividade no ambiente urbano se revela um esforço inútil. É certamente possível continuar à espera de que esses sensores e roteadores sejam instalados para humanizar e personalizar a burocracia nacional e municipal – ainda assim, essa parece ser uma aspiração ingênua, considerado o fato de que a burocracia em si é cada vez mais afastada das mãos do governo. Uma vez privatizada, essa racionalização humanista desaparece como se nunca tivesse existido: uma estrada privatizada e com pedágios – o exemplo mais puro de infraestruturas *smart* construídas para "fazer o ativo suar" – não precisa de humanismo.

FINANCEIRIZAR INFRAESTRUTURAS: O EXEMPLO BRASILEIRO

Uma série de ferramentas e estratégias financeiras inovadoras foi testada na América Latina durante a última década. As estratégias consistiam na alocação de

PARTE 1

grandes quantidades de recursos públicos para pagar projetos de infraestrutura capitaneados por incorporadoras privadas. No Brasil, essa tendência logo se tornou uma prática disseminada. Eis o modelo: os bancos públicos emitem títulos e os leiloam a incorporadoras a fim de reconstruir partes de uma cidade. Esses títulos ("Cepacs", sigla para "Certificados de Potencial Adicional de Construção") asseguram benefícios legais e fiscais que autorizam as incorporadoras a construir além da densidade original da área, enquanto os rendimentos decorrentes da venda desses títulos são reinvestidos na construção de moradia, estradas e outras obras de infraestrutura na mesma região. As cidades têm usado essas estratégias para liberar o valor de terrenos para investidores privados, ao mesmo tempo que tomam parte dessas quantias de volta.

Os Cepacs foram bastante comercializados e se tornaram um veículo importante de investimento para fundos de pensão e para o setor imobiliário – e resultaram em enorme aumento no preço dos imóveis e em gentrificação que lentamente acabaram por expulsar as populações locais de suas vizinhanças. De modo geral, os Cepacs levaram a um alto gasto de dinheiro público em favor de grandes investimentos em obras faraônicas de infraestrutura, o que, em vez de resultar na priorização de políticas sociais, serviços públicos (como transporte e moradia acessível) e necessidades urbanas e de desenvolvimento reais, garantiu grandes lucros corporativos.

Surpreendentemente, grande parte das descrições tradicionais da ascensão da ideologia da *smart city* menospreza o papel dos setores mais poderosos de nossas cidades – as

empresas imobiliárias e de construção –, muitas vezes nem sequer são mencionados. De certo modo, seus interesses no *smart* são similares aos dos investidores em infraestrutura: sensores e conectividade permitem o gerenciamento ativo de seus recursos, incluindo prédios e falhas estruturais, problemas e ineficiências que podem agora ser identificados, corrigidos e previstos em tempo real. Essa transição em direção aos *"smart buildings"* e a imóveis *smart* permite ao setor imobiliário a cobrança de um modo *smart premium* e, assim, um aumento proibitivo do custo de imóveis.[20]

Uma vez que tais prédios e ativos se proliferem, as cidades poderão vender distritos *smart* inteiros, acelerando o processo de gentrificação e elevando os aluguéis ainda mais – especialmente se for possível mostrar que a área em questão é popular entre empreendedores locais e startups. De modo revelador, Richard Florida, o prosélito-geral da "classe criativa" e da "cidade startup", agora se tornou o maior fã dos "distritos startup",[21] elaborando (como seria de esperar) rankings de distritos baseados em suas dinâmicas *smart* ou *startup*.

Além disso, o aumento da produção de dados secundários de moradores permite uma forma mais eficiente de triagem e reduz os riscos de atrasos em pagamentos e outros custos associados com inquilinos problemáticos. Não é surpresa que muitas startups já ofereçam serviços desse tipo, prometendo aos locatários e a imobiliárias perfis de risco de inquilinos potenciais elaborados com base na análise cuidadosa de suas atividades on-line. Nesse caso,

---

20 Ver Dallas Rogers. *The Geopolitics of Real Estate: Reconfiguring Property, Capital and Rights*. Londres: Rowman & Littlefield International, 2016.

---

21 Ver <martinprosperity.org/content/rise-of-the-urban-startup-neighborhood>.

PARTE 1

a lógica dos condomínios fechados se aplica não somente para o que vem de fora, mas cada vez mais também para o interior: históricos de crédito e cartas de referência já não são suficientes; agora é preciso criar e produzir a reputação on-line necessária à qualificação exigida para que se viva em determinado "edifício". Essa produção do *ethos* empreendedor complacente está bastante alinhada com o projeto generalizado de reengenharia da alma promovido pelo neoliberalismo.

PARTE 1　　　　　　　　46–47

03

CIDADES DE KEYNESIANISMO PRIVADO

Apesar do enaltecimento incessante das cidades como os principais atores do nosso sistema global, com seus prefeitos-celebridades surgindo para dominar o mundo (e, em breve, talvez o Universo), a realidade parece ser bastante diferente. Afinal de contas, as cidades contemporâneas não são entidades isoladas, e muito do que acontece nelas ainda é bastante determinado pelas transformações que ocorrem nos níveis nacional e global. Munido de conceitos como "empreendedorismo urbano"[22] ou "urbanismo de austeridade"[23] – ambos ligados à ascensão da ideologia neoliberal –, alguém poderia ficar tentado a pensar que de alguma forma estamos lidando com processos exclusivamente locais, talvez meras consequências lógicas da ação de tecnocratas locais embebidos na ideologia neoliberal e comprometidos com a transformação de suas cidades de acordo com linhas gerais neoliberais. Essa, porém, é uma ideia muito simplista, que considera o neoliberalismo apenas um apanhado de ideias e receitas a serem aplicadas ou rejeitadas de maneira local e que ignora

---

22　David Harvey, 1989, *From Managerialism to Entrepreneurialism: The Transformation in Urban Governance in Late Capitalism*, disponível em: <www.jstor.org/stable/490503>.

23　Jamie Peck, 2015, *Austerity Urbanism: The Neoliberal Crisis of American Cities (City Series, n. 1)*, RLS-NYC, disponível em: <www.rosalux-nyc.org/wp-content/files_mf/peck_austerity_urbanism_eng.pdf>.

as amarras estruturais – os produtos de transformações econômicas e políticas desencadeados pelo neoliberalismo considerado processo, e não apenas ideologia –, que tornam tais ideias e receitas viáveis em maior ou menor grau.

Em termos práticos, a tendência por soluções tecnológicas rápidas para a burocracia urbana não pode ser explicada apenas por confusão ideológica ou pela fé na tecnologia, uma vez que existem fatores estruturais reais que tornam o recrutamento de empresas de tecnologia para o negócio de administração de uma cidade, de um lado, e a geração de rendimentos para alguns de seus habitantes, de outro, uma escolha tão atraente. Entender esses fatores estruturais deve, no mínimo, nos conscientizar do fato de que a articulação e a execução de um projeto para uma *smart city* não neoliberal de verdade são muito mais difíceis do que pode parecer, já que não se trata apenas da aplicação de diferentes tecnologias ou de regimes alternativos de propriedade em torno dos dados gerados pela cidade. Estas são condições necessárias, mas não suficientes.

Para entender a escala do desafio da construção de cidades não neoliberais, é necessário aceitar o fato de que muitas empresas de tecnologia, muitas vezes sediadas no Vale do Silício, operam um estado de bem-estar social completamente privatizado e paralelo aos estados de bem-estar social oficiais, cada vez mais enxugados em muitos países integrantes da Organização para a Cooperação e Desenvolvimento Econômico (OCDE). A presença desse estado de bem estar-social privatizado é mais perceptível nos Estados Unidos, onde as funções centrais do estado de bem-estar social oficial, como a saúde pública, foram delegadas para prestadores privados, com o Estado assumindo parte da conta. Com isso, esse modelo provavelmente se espalhará em um futuro próximo pelas depauperadas cidades europeias.

Esse regime de bem-estar social privatizado possui dois lados: um deles se vale de tecnologias avançadas para oferecer economia significativa para os consumidores e,

PARTE 1   48–49

assim, contrabalanceia a queda vertiginosa dos salários, enquanto o outro lança mão desse mesmo conjunto de tecnologias para produzir ou oportunidades de trabalho de curto prazo bem flexíveis (ainda que altamente precárias) na economia informal, ou ganhos especulativos rápidos na economia de compartilhamento, em geral por meio da transformação da própria casa dos cidadãos – desde que se tenha sorte suficiente para se ter uma casa –, em um hotel permanente que também funciona como caixa eletrônico.

Antes de refletir mais detidamente sobre esse modelo, é preciso mencionar que, ainda que a maior parte dos economistas e sociólogos críticos não tenha notado, o Vale do Silício se caracteriza como a última fronteira do que Colin Crouch chama "keynesianismo privado" ou ao que Robert Brenner e Monica Prasad se referem como "a bolha especulativa keynesiana" ou "hipoteca keynesiana", respectivamente.[24] Embora discordem quanto a alguns detalhes históricos, Crouch, Brenner e Prasad concordam que as funções geradoras de prosperidade, reservadas para o estado de bem-estar social no keynesianismo e no regime de emprego estável fordista, encontraram rivais em um regime altamente especulativo, baseado no consumo e que pretende substituir qualquer rendimento que antes decorria de uma relação estável de trabalho por lucros gerados por investimentos em casas e em outras formas de especulação.

---

24 Colin Crouch. "Privatised Keynesianism: An Unacknowledged Policy Regime". *The British Journal of Politics & International Relations*, v. 11, n. 3, 2009, pp. 382-99; Robert Brenner. "What is Good for Goldman Sachs is Good for America: The Origins of the Present Crisis" (2009), disponível em: <www.sscnet.ucla.edu/issr/cstch/papers/BrennerCrisisTodayOctober2009.pdf>; Monica Prasad. *The Land of Too Much: American Abundance and The Paradox Of Poverty*. Cambridge: Harvard University Press, 2012.

Um elemento-chave que está ausente da análise desses autores é o fato de que esse esforço destinado a elevar o valor de imóveis para fazer com que as pessoas se sintam ricas – e, de fato, alguns realmente enriquecem ao vender propriedades no momento certo – também já foi desafiado por uma reação específica contra as leis antitruste, o que permite que mais monopólios se formem, alcancem padrões de economias de escala e se beneficiem dos mercados de trabalho de países em desenvolvimento e, então, ofereçam muitos de seus produtos a custos baixíssimos. Esse é o fenômeno que passou a ser conhecido como efeito Wal-Mart: os salários reais das pessoas podem ter caído, mas não tão rápido quanto os preços do Wal-Mart – o que camufla a situação econômica real de muitas famílias.

A ascensão do capitalismo digital, comandada pelo Vale do Silício, acelerou esses processos. Empresas como a Uber, da perspectiva dos passageiros, conseguem instrumentalizar a tecnologia avançada presente em nosso celular para oferecer corridas bem baratas, obtidas em parte por meio da melhor capacidade de utilização do sistema graças ao uso de sensores. Como no caso dos investidores em infraestrutura, a Uber é muito eficiente em "fazer o ativo suar" – seus executivos falam frequentemente na criação de uma "corrida sem fim" – ao permitir que a mágica do Big Data e dos algoritmos elabore um itinerário de viagens tão intricado e complexo que seus carros, ao apanhar passageiros por onde quer que passem, nunca ficam ociosos. Sua presença global – financiada por injeções de capital de investidores como a Goldman Sachs e a Arábia Saudita – também permitiu que a Uber operasse em uma escala massiva e aceitasse prejuízos em curto prazo em decorrência da oferta de corridas mais baratas e voltadas a destruir a competição. Desde que as viagens sejam baratas, os clientes parecem não se importar.

PARTE 1

50-51

Motoristas de Uber também têm algo a ganhar em um ambiente em que trabalhos estáveis são difíceis de encontrar. É claro que o sistema é marcado por muitas falhas e por práticas abusivas, como foi cuidadosamente documentado em estudos realizados com motoristas reais de Uber, mas isso não interfere no fato de que o sistema da Uber permite que uma porcentagem pequena da população ganhe dinheiro depois que seus trabalhos normais deixam de valer a pena ou até mesmo desaparecem. Mas é pouco provável que mesmo esse idílio limitado dure para sempre, uma vez que a Uber já demonstrou o desejo de adotar carros totalmente automáticos – que já estão sendo testados em algumas cidades dos Estados Unidos. Os motoristas não ficarão felizes, mas esse será mais um motivo de celebração para os passageiros, que terão corridas ainda mais baratas.

Ao observar essa constante projeção decrescente de preços de transporte, pode-se perceber por que cidades empobrecidas estão começando a considerar seriamente a subcontratação de serviços de transporte público para empresas como a Uber, especialmente nos Estados Unidos. Cidades menores da Flórida a Nova Jersey começaram a subsidiar corridas de Uber para seus cidadãos, enquanto Washington, D.C., já utiliza a Uber para o transporte de pessoas com mobilidade reduzida – o que é considerado mais adequado (e mais barato) do que investir em novas linhas de ônibus e de trem ou em outras formas de transporte público. Assim, a Uber está mirando no setor mais lucrativo – corridas garantidas pelo governo – e está se tornando parte do sistema de transporte público dos Estados Unidos.

O Airbnb pode ser entendido de maneira similar. Há algumas décadas, governos influenciados pelo pensamento neoliberal têm pregado os valores da ideologia da casa própria: alugar era supostamente uma coisa ruim, assim como o fornecimento de moradias públicas e comunitárias.[25] Os governos asseguravam que a verdadeira riqueza vinha do investimento em propriedades privadas. Essa posição se encaixava bem no conjunto da transformação neoliberal da sociedade, já que ajudava a dissolver a fidelidade que os trabalhadores tinham por instituições anteriores baseadas na solidariedade e no apoio mútuo, como sindicatos, e a vinculava ao desempenho dos mercados de ações e dos bancos centrais. Trabalhadores deveriam ser reinventados como empreendedores que se endividavam com vistas a ganhos futuros e que investiam na compra de imóveis.[26]

O Airbnb leva essa lógica às últimas consequências ao permitir que os usuários gerem aluguéis de curto prazo de suas propriedades. Em um ambiente em que empregos estáveis e bem remunerados são difíceis de encontrar, o Airbnb se torna uma fonte poderosa de renda complementar. Isso não é uma coincidência, mas antes um atributo normal do "keynesianismo privado" sob o qual vivemos atualmente. Assim como a "corrida sem fim" é o sonho da Uber e (até o momento) de seus motoristas, a "diária sem fim" é o sonho do Airbnb e de seus anfitriões: no fim das contas, tudo se resume à utilização eficiente de meios disponíveis, uma das funcionalidades da criação de novos mercados por meio da integração de sensores, algoritmos de atribuição de preços e índices de reputação de hóspedes e anfitriões.

---

25 Para uma excelente síntese, ver Manuel B. Aalbers. *The Financialization of Housing: A Political Economy Approach*. Nova York: Routledge, 2016.

26 Christopher Payne. The Consumer. *Credit and Neoliberalism: Governing the Modern Economy*. Nova York: Routledge, 2012. v. 152.

MOBILIZAÇÕES DE USUÁRIO PELA UBER, PELO AIRBNB E PELO FACEBOOK CONTRA REGULAMENTAÇÕES FUTURAS

Uma das consequências mais controversas do keynesianismo privado tem sido o alinhamento de interesses dos consumidores-empreendedores (que podem anunciar seus apartamentos no Airbnb ou usar a Uber como motoristas ou passageiros) e de plataformas monopolistas, como o Airbnb e a Uber. Essa circunstância favoreceu um ambiente em que usuários são levados a acreditar (não completamente sem razão) que qualquer tentativa de regulamentação desses serviços por autoridades públicas provavelmente resultará na cobrança de tarifas ou comissões mais elevadas (ou em menos chamadas, no caso de motoristas da Uber) – o que, por sua vez, acabará sendo repassado para os usuários uma hora ou outra. Ainda que argumentos parecidos sejam utilizados pela maior parte das empresas, o caso de companhias como o Airbnb ou a Uber é único em função do poder imenso de mobilização de usuários que elas detêm por meio de seus aplicativos ou de e-mails, que pode ser utilizado para angariar apoio popular contra tentativas de regulamentação de forma relativamente rápida. Foi o que aconteceu quando a cidade de Nova York tentou regulamentar a Uber: a empresa acrescentou uma aba chamada "De-Blasio"[27] em seu aplicativo, que fazia com que todos os carros disponíveis desaparecessem assim que o usuário clicasse nela. Os usuários também eram encoraja-

---

27 Referência a Bill de Blasio, prefeito de Nova York eleito em 2014. [N. T.]

dos a enviar reclamações por e-mail para a prefeitura. O Facebook adotou práticas similares quando autoridades indianas consideraram bloquear seu programa "Free Basics". E, mesmo que o Airbnb ainda não tenha se valido de estratagemas desse tipo, já há um esforço de organização de seus fãs em um movimento global dotado de uma pauta política explícita. Tal movimento está em constante estado de latência, pronto para ser mobilizado pelo Airbnb a qualquer momento. Ainda que alguns juristas tenham sugerido a ideia de tratar empresas de tecnologia como "depositárias de informação", com um conjunto de obrigações bem definidas que as impeça de abusar de seu alcance em favor da defesa de seus próprios interesses, a questão de como essa abordagem funcionaria fora dos Estados Unidos permanece em aberto. Por enquanto, as cidades provavelmente devem se preparar para ser passadas para trás nas batalhas vindouras pela colocação de freios a essas plataformas, para as quais estratégias inteligentes de publicidade e de comunicação serão essenciais.

Se empresas como a Uber e o Airbnb são de fato consequências lógicas, e não aberrações, do "keynesianismo privado", então cidades não neoliberais que pretendam desafiar esses grupos se encontram diante de um dilema. De um lado, o confronto direto com essas empresas faz com que os cidadãos se voltem imediatamente contra a cidade: a regulamentação ou a proibição do Airbnb ou da Uber, como a experiência de muitas cidades já mostrou, resulta em descontentamentos generalizados da parte dos usuários que dependem dessas empresas para ganhar ou poupar dinheiro. De outro lado, não agir sobre elas leva à alienação daqueles que nunca foram ou deixaram de ser beneficiários diretos do keynesianismo privado – basta pensar nos locatários que assistem à gentrificação de seus bairros e à escalada do preço dos aluguéis causada pelos

PARTE 1

turistas adoradores do Airbnb que invadem bairros, nos motoristas tornados obsoletos por veículos autônomos ou nos consumidores mais velhos, sem cartões de crédito ou smartphones e que ainda poderiam usar o transporte público, mas não a Uber.

A única solução que parece plausível nesse contexto é aceitar tacitamente que as cidades não podem reverter décadas de políticas públicas nacionais ou globais – muitas delas propulsionadas por bancos centrais – e estão assim à mercê da lógica do keynesianismo privado, não importa o quão rebeldes elas sejam. Também não é evidente que elas devam rejeitar os princípios básicos que estão em ação: não há motivos para que as cidades prefiram os interesses organizados de incorporadoras imobiliárias que possuem e gerenciam hotéis em detrimento dos interesses de proprietários de casas próprias, desde que estes atendam às regulamentações de prevenção contra incêndios, segurança e outros tipos. O verdadeiro desafio está em identificar os agentes imobiliários profissionais que operam múltiplas propriedades, mas se fazem passar por usuários comuns do Airbnb e, como tais, se valem de muitas vantagens e aceleram a gentrificação. Como o Airbnb e outras operações similares não querem compartilhar seus dados – o que possibilitaria um controle efetivo de comportamentos desse tipo –, a única solução de longo prazo para as cidades será pensar e gerenciar suas próprias plataformas.

04

AUSTERIDADE *SMART*

Seria um erro pensar que a Uber e o Airbnb são as únicas grandes corporações que estão encontrando formas de lucrar com a estagnação da economia global. Muitas outras empresas – inclusive gigantes como o Google – estão bastante ocupadas entrando em cidades e oferecendo uma série de produtos que vai de internet sem fio gratuita (em troca, é claro, de dados dos usuários) a aplicativos baseados em sensores destinados a "resolver" o problema da falta de vagas para automóveis e, assim, nos livrar tanto do estresse quanto da poluição urbana. As cidades se veem capturadas em um círculo vicioso: quanto mais serviços elas subcontratam e quanto mais elas privatizam a infraestrutura, mais precisam da assistência de companhias como o Google para fazer funcionar o que quer que tenha sobrado de recursos e de bens sob controle público.

A verdadeira novidade, aqui, é que empresas especializadas em extração de dados – cujo modelo, em linhas gerais, se baseia na coleta do máximo de dados possível por meio do financiamento de atividades capazes de gerá-los ou no seu patrocínio por meio de anúncios – sempre poderão se apresentar como nobres cavaleiros determinados a resgatar o setor público. Esse tipo de narrativa parece cada vez mais atraente à medida que empresas de tecnologia passam a ser colocadas em comparação com empresas de consultoria, cujo apetite bem mais voraz já vem pilhando os orçamentos das cidades ao exigir dinheiro – em vez de dados, como no caso do Google – em troca de seus serviços. Para cidades depauperadas que já estão sob o suplício fiscal da austeridade, esta é uma proposta muito mais atraente: dados não entram em consideração ou em suas medições e, assim, podem ser facilmente cedidos em troca da oferta de wi-fi "grátis" para cidadãos ou de softwares avançados de análise de tráfego para o planejamento urbano.

Nesse ponto, as cidades se colocam em uma posição perigosa de dependência que inevitavelmente voltará para cobrar a fatura. Afinal, o Google não está coletando dados apenas para ajudá-las a vender anúncios – em muitos casos, a coleta de dados não tem nada a ver com publicidade. Mais precisamente, os dados são necessários apenas para acelerar o desenvolvimento de tecnologias de inteligência artificial e para ajudar o Google a automatizar processos que dependem de interação humana, desde a condução de veículos e a classificação de imagens até a detecção de tendências. Os veículos autônomos do Google fizeram tantos progressos ao longo das últimas décadas não graças a descobertas inovadoras em ciência da computação, mas sim porque todos os dados coletados permitiram aos desenvolvedores revolucionar abordagens anteriores e menos eficientes dadas à inteligência artificial, como redes neurais. No fim das contas, quem controla os meios de produção da maior parte dos dados consegue a melhor inteligência artificial – e faz com que todos dependam dela, que poderá ser desenvolvida como um serviço acessível apenas por meio de um sistema baseado em permissões.

Esses serviços realizados por inteligência artificial podem então ser usados para otimizar ainda mais o funcionamento e a operacionalização das cidades – a cidade em si mesma se torna um problema a ser resolvido. A linguagem usada pela Y Combinator, uma proeminente incubadora de startups do Vale do Silício, é um indicativo de como o mundo tecnológico pensa na "solução das cidades". Em um de seus posts, a Y Combinator perguntou: "Para o que uma cidade deveria ser otimizada? Como devemos medir a eficiência de uma cidade? Quais são seus KPIs (indicadores-chave de desempenho)?". Aqui, podemos observar o surgimento de mais um círculo vicioso: a lógica da privatização e da autoridade, somada com os vários problemas que ela causa, lança as cidades nos braços das empresas de tecnologia, atraindo-as com produtos oferecidos como tão essenciais e únicos que, em nome da implementação de inteligências artificiais, os centros urbanos embarcam em ondas sucessivas de privatização com o objetivo de cortar gastos.

OS SIDEWALK LABS DO GOOGLE: UM NOVO TIPO DE STARTUP URBANA

A última incursão do Google no mundo das cidades, uma nova unidade do conglomerado Alphabet que se chama "Sidewalk Labs", demonstra a importância que as companhias de tecnologia dão a problemas urbanos – assim como a escolha de Daniel Doctoroff, veterano de Wall Street e vice-prefeito responsável pelo desenvolvimento econômico de Nova York, para liderá-la. Ainda que até agora a maior parte dos projetos de Doctoroff tenha focado em questões relativamente práticas, como a instalação de wi-fi em Nova York (mesmo que com a coleta extensiva de dados dos usuários), ao lado de tentativas de automatizar o estacionamento de veículos e de otimizar o tráfego urbano, a empresa já deu vários sinais de que suas ambições miram bem mais longe, inclusive na possibilidade de tomar o controle de uma cidade já existente ou de construir uma do zero para demonstrar a aplicação das últimas tecnologias *smart*. De certo modo, o Google não é novato em questões urbanas: seus mapas são amplamente utilizados, e a compra da startup israelense Waze, em 2013, também foi responsável por torná-lo um ator importante no gerenciamento de tráfego em tempo real (o Google tem usado o Waze para criar um programa voltado para cidades maiores, nas quais as autoridades recebem acesso aos dados de trânsito do Google em troca de seus próprios registros de ruas bloqueadas, manutenções planejadas e assim por diante). É difícil dizer até que ponto os passos dados pelo Google no espaço urbano são pensados com base em uma estratégia clara ou se são apenas reações a movimentações realizadas por seus concorrentes (em 2016, por exemplo, ele lançou um serviço de caronas baseado no Waze na Bay Area de São Francisco – muito provavelmente uma resposta à Uber). A equipe dos Sidewalk Labs conta agora com executivos sênior que já trabalharam no assistente pessoal inteligente do Google, o Google Now, o que sugere que a empresa provavelmente aproveitará sua presença em tantos smartphones e suas imensas aptidões em inteligência artificial para agilizar o fornecimento de informações contextuais em tempo real sobre a cidade, seus serviços, eventos culturais, transporte e assim por diante. Isso pode potencialmente causar efeitos colaterais nas tentativas das próprias prefeituras de controlar a distribuição e o acesso a essas informações.

No entanto, esse fenômeno não é restrito às cidades, já que os países em que elas estão localizadas são conduzidos pela mesma lógica. Basta olhar para a velocidade com que o serviço nacional de saúde pública do Reino Unido aceitou os avanços da DeepMind, a divisão de inteligência artificial do Google, e passou a enviar dados médicos de mais de 4 milhões de pessoas para que o algoritmo da empresa pudesse prever doenças e combatê-las. Como nos casos da Uber e do Airbnb, não parece justo culpar as cidades pelas políticas adotadas, ou pelo menos toleradas, em esferas nacionais de governo – e, assim, não se pode considerar que a virada rumo a fornecedores privados de tecnologia

PARTE 1 · 60–61

seja motivada por corrupção ou por malícia, e não por um desejo de fazer o possível com os escassos recursos disponibilizados para a maior parte das cidades de hoje.

Essa conexão entre a lógica da austeridade e os imperativos da dinâmica *smart* merece uma investigação mais aprofundada. Como muitos acadêmicos já demonstraram, os administradores de cidades apontam as consequências da austeridade como uma das razões por que tantas esperanças são depositadas na transformação digital e em sua promessa de liberação do potencial criativo e empreendedor dos cidadãos. A premissa subjacente aqui não é apenas a visão de indivíduos como empreendedores (esta já era uma premissa do neoliberalismo 1.0), mas (o que talvez sugira que estamos testemunhando o surgimento do neoliberalismo 2.0) a de que eles também são *hackers*,[28] no sentido original da palavra usado na década de 1970: pessoas capazes de fazer mais com menos, de prosperar por meio da inovação escassa e sempre aptas a encontrar saídas, mesmo que suas mãos estejam atadas. E estarão atadas por causa da austeridade!

ANÁLISE DE DADOS E AUSTERIDADE

Uma das premissas da revolução dos dados abertos do Big Data na governança tem sido tornar governos mais eficientes pelo exercício coordenado de controle sobre operações que antes não eram registradas (e que, portanto, eram desconhecidas). Na essência, essa pauta também promete certo grau de consenso bipartidário e não ideológico – afinal, que corrente política obje-

---

28 Ver Melissa Gregg. "Hack for Good: Speculative Labor, App Development and the Burden of Austerity". *Fibreculture*, n. 25, 2015.

taria o encerramento de programas governamentais tão ineficientes quanto assustadoramente onerosos? Ainda resta saber em que extensão os esforços realizados nessa área conseguirão transcender os limites de ideologias tradicionais, mas a causa do enxugamento da máquina pública por meio da análise de dados já começou a atrair o interesse de investidores de viés conservador. O caso da Fundação Laura e John Arnold, criada pelo antigo *trader* da Enron e, depois, administrador de fundos multimercados, merece atenção especial. Essa fundação se tornou conhecida nos Estados Unidos por apoiar esforços de redução dos benefícios previdenciários de empregados públicos e por patrocinar outras causas neoliberais. Em 2015, a fundação doou 7,4 milhões de dólares para o Laboratório de Desempenho Governamental da Universidade de Harvard para "oferecer treinamento e assistência técnica *in loco* para governos interessados no uso de dados e estratégias inovadoras de contratação pública, a fim de melhorar o desempenho de programas governamentais". A história do próprio Laboratório de Desempenho Governamental também é intrigante, com seu surgimento a partir do Laboratório de Assistência Técnica para Contratos de Impacto Social – que, por sua vez, foi fundado com o apoio da Fundação Rockefeller com o objetivo de ajudar as cidades a embarcar em diversos experimentos de fornecimento de serviços neoliberais, de contratos de impacto social pagos com base no cumprimento de metas até a contratação guiada por resultados. Muitos desses experimentos – e sua adoção por autoridades locais – são orientados em direção ao atual clima de austeridade, que reduziu drasticamente a quantia de fundos disponíveis para serviços locais. Sob tais condições, dados, sensores e outras formas de medição, detecção e armazenamento de "resultados" se tornam componentes cruciais da pauta da austeridade.

PARTE 1   62–63

Portanto, é apenas por meio do acesso a uma vasta coleção de tecnologias digitais (que inclui aprender a programar) que todo o potencial empreendedor dos cidadãos poderá ser atingido. Em essência, essa atitude busca reintroduzir por meio da tecnologia o que o governo de David Cameron, ex-primeiro ministro do Reino Unido, falhou em implementar com a chamada "Big Society": o uso de retórica comunitária para justificar o despejo de ainda mais responsabilidades sociais sobre os ombros de cidadãos considerados individualmente. Mais ainda, essa lógica reapresenta o desemprego em uma cidade verdadeiramente *smart* como uma escolha pessoal, e não como uma necessidade estrutural: com impressoras 3D, mídias sociais e carros Uber disponíveis para todos, como alguém poderia não trabalhar? A tecnologia (e as tecnologias *smart*, principalmente) cria um álibi perfeito para as elites regentes: elas fazem o que podem para nos disponibilizar a infraestrutura necessária, ainda que privatizada, e é nossa culpa se não conseguimos aproveitá-la ao máximo.

Nada disso deve sugerir, no entanto, que o movimento *"maker"*[29] ou que impressoras 3D não possam ser reapropriados para projetos diferentes. Mas um compromisso destinado à consecução desses projetos diferentes não pode se limitar ao desejo de usar impressoras 3D e *makerspaces* de outro modo – as cidades precisam encarar a austeridade, devem combinar esses projetos com políticas econômicas alternativas e fazer o máximo para chegar às raízes do keynesianismo privado e do impulso de austeridade necessário para manter esse regime funcionando.

---

29 Variante da cultura do Faça-Você-Mesmo (*Do it yourself*, DIY), os integrantes do movimento *maker* se valem de avanços tecnológicos como impressoras 3D e hardware aberto para construir e modificar objetos por conta própria. [N. T.]

O SURGIMENTO DOS MERCADOS
DE DADOS DE CIDADES

Em maio de 2016, Copenhague lançou o primeiro mercado de dados do mundo, a City Data Exchange [Bolsa de Dados da Cidade], em parceria com a Hitachi Consulting – um dos atores emergentes do mercado da *smart city*. Custeado pela cidade de Copenhague e pela região administrativa da capital da Dinamarca, esse mercado estreou com 65 fontes diferentes de dados, algumas das quais só são acessíveis mediante pagamento. O projeto pretende motivar empresas terceirizadas a desenvolver soluções orientadas por dados para problemas urbanos como engarrafamentos, poluição e assaltos. A ideia subjacente é que, por causa da monetização, agora há incentivos para que detentores de dados (em especial os do setor privado) coletem e compartilhem informações importantes para a melhora da capacidade de resolução de problemas de outros grupos. Uma das primeiras iniciativas voltadas a tratar os dados das cidades como *commodities* foi a troca de dados entre a Strava, proprietária de um aplicativo popular de rastreamento de viagens de bicicleta, e a cidade de Portland, que comprou dados sobre bicicletas em 2014 a fim de melhorar seus processos de planejamento e de ajudar na disponibilização de ciclofaixas. Londres é uma das grandes cidades que estão construindo seus próprios mercados de dados da cidade. A lógica por trás desses projetos se harmoniza bem com a filosofia de governo que vê redes e agentes privados como melhores solucionadores de problemas do que as instituições públicas.

05

SOBERANIA TECNOLÓGICA: UMA SOLUÇÃO POSSÍVEL?

As cidades não possuem ferramentas necessárias para resolver a maior parte dos problemas do mundo, independentemente de quantas bancadas legislativas e de quantas novas pautas urbanísticas sejam introduzidas a cada ano. Nenhuma cidade pode igualar o poder computacional do Google, do Facebook ou até mesmo da Uber – na verdade, é provável que nem mesmo uma coalização de cidades detivesse o *know-how* para competir com essas empresas. Assim, qualquer busca por uma *smart city* não neoliberal deve começar por reconhecer que os modelos políticos e econômicos sobre os quais a maior parte das cidades funciona não são determinados de maneira local, mas sim nacional e global. Por isso, os modelos também devem ser alterados nesses dois níveis mais altos. Existem boas razões para comemorar o espírito das cidades rebeldes, mas também precisamos ter consciência dos limites dessa rebeldia, em especial se desligada de coalizações de agentes não urbanos.

Assim, é por puro acaso que muitas forças políticas que questionam elementos da pauta neoliberal têm influência considerável sobre as cidades, não raro muito mais do que em âmbito nacional. Ainda que possa ser agradável imaginar combater o keynesianismo privado ou reverter a tomada da infraestrutura pública por agentes privados para além dos limites da cidade, é mais provável, para o bem e para o mal, que esses esforços se desenrolem de modo local.

O que as cidades podem fazer? Antes de qualquer coisa, é crucial que elas consigam se manter capazes de traçar seus próprios destinos e de implementar políticas de forma independente e eficiente. Essa capacidade está cada vez mais ameaçada pela proliferação de acordos de comércio bilaterais ou multilaterais que restringem considera-velmente a ingerência de governos de todos os níveis sobre como corporações globais devem se comportar em seus negócios. Como uma análise mais aprofundada de trata-tivas de acordos como o Acordo de Parceria Transatlântica de Comércio e Investimento (TTIP) ou a Parceria Transpa-cífica (*Trans-Pacific Partnership*, TPP) pode ilustrar, uma das consequências de suas aprovações (caso isso venha a acon-tecer na gestão Trump) seria tornar praticamente impossí-vel a remunicipalização de obras-chave de infraestrutura – uma consequência que certamente afetaria a capacidade das cidades de pensar fora da caixa das corporações *smart*, de capitanear regimes pioneiros de propriedade de dados ou de impedir que o Airbnb favoreça os interesses da espe-culação imobiliária em detrimento dos de seus cidadãos.

Em outras palavras, a cidade não neoliberal não pode existir em um mundo em que acordos como o TTIP ou o TPP sejam capazes de determinar o contexto político e econômico. Mesmo que seja encorajador ver cidades como Barcelona votarem várias vezes contra o TTIP, seus gestos continuam em grande parte simbólicos: um tipo de rebel-dia que angaria poucos resultados tangíveis. Se o poder legislativo local – unido a outras estruturas internacionais organizadas para aproximar cidades – realmente tem gar-ras para mostrar, deve ser capaz de influenciar os resulta-dos de negociações dessa espécie.

As cidades também têm necessidade de novos voca-bulários e de novos dispositivos conceituais para reavaliar suas relações com tecnologia, dados e infraestrutura. Quando dados, sensores e algoritmos – os ingredientes principais da dinâmica *smart* oferecida pelo neolibera-

PARTE 1

lismo – são mediadores do fornecimento de serviços em domínios que vão de utilidades públicas a transporte, educação e saúde, é evidente que a discussão não pode se restringir a questões de infraestrutura. Mais do que isso, estamos lidando com um tipo de metautilidade – formada por esses mesmos sensores e algoritmos – que põe em movimento o resto da cidade. À medida que as cidades perdem o controle sobre essa metautilidade, torna-se mais difícil colocar modelos não neoliberais em andamento em domínios supostamente "não tecnológicos", como distribuição de energia e saúde pública. Um argumento poderoso pode ser defendido com relação à natureza definidora de rumos de muitas tecnologias *smart*: a construção de um socialismo *high-tech* com base em infraestruturas neoliberais pode muito bem ser impossível.

Um conceito bastante útil para cidades que pretendem preservar em algum grau sua autonomia e estabelecer uma zona de amortecimento entre elas e seus fornecedores de tecnologias é o de "soberania digital" – uma ideia bastante simples que denota a capacidade dos cidadãos de terem voz e de participarem na operação e na destinação das infraestruturas tecnológicas que os rodeiam. A noção de "soberania" – financeira ou energética – permeia as atividades de muitos movimentos sociais urbanos, inclusive dos que transitam entre as posições de liderança em suas cidades. Conceitos como soberania energética podem ser facilmente compreendidos e são capazes de mobilizar grandes parcelas da população – mas o que a soberania energética passará a significar depois de terminada a transição para as tecnologias de rede elétrica inteligente e depois que empresas como o Google passarem a oferecer descontos de um terço em nossas contas de luz em troca de nossos dados de consumo de eletricidade? A luta por "soberania eletrônica" ainda fará sentido se estiver desvinculada da luta por "soberania tecnológica"? Provavelmente não.

Do mesmo modo, precisamos analisar o conjunto da pauta das cidades rebeldes pelo ângulo da soberania tecnológica. O que o "direito à cidade" significa em uma cidade digital totalmente privatizada, onde o acesso aos recursos é mediado pela passada de um *smart card* vinculado a nossa identidade? Como esse direito pode ser exercido de forma efetiva quando as infraestruturas já não estão sob controle público e as corporações definem seus termos de acesso – inclusive os termos que regulam como protestos contra elas poderão ser realizados? Como as cidades podem clamar ser espaços de criação, contestação e anonimato quando tecnologias como a regulamentação algorítmica pretendem resolver em tempo real todos os conflitos, enquanto nos aprisionam em camisas de força de austeridade? Sem um esforço conjunto a favor da soberania tecnológica, a luta pelo direito às cidades perde muito de sua força.

Ainda que fosse um exagero dizer que algumas cidades têm consciência da importância da soberania tecnológica e lutam ativamente por ela, é razoável afirmar que algumas delas estão considerando a tomada de medidas específicas alinhadas com esse espírito. Essas medidas podem ser classificadas em alguns grupos: os que oferecem um regime alternativo para lidar com os dados produzidos pelos cidadãos; os que promovem um modelo alternativo e mais cooperativo de fornecimento de serviços – que inclui agentes privados – e que não se baseia no extrativismo de dados por alguns gigantes tecnológicos nem o incentiva; os que têm como objetivo controlar as atividades de plataformas como o Airbnb e a Uber por meio de pedidos de acesso a seus bancos de dados; e os que promovem e constroem infraestruturas alternativas para, em alguns domínios, competir com o Vale do Silício.

O mais importante a ter em mente é a necessidade de uma abordagem holística, focada em uma série de ele-

PARTE 1 | **68–69**

mentos, sejam eles dados, infraestrutura ou transparência no uso de algoritmos tomadores de decisões. Uma cidade que consiga obrigar companhias de tecnologia a compartilhar os dados coletados por elas – de fato, muitas empresas já cobram por dados ou os utilizam como moeda de troca em negociações – pode se ver incapaz de manejá-los se não possuir a infraestrutura computacional ou o acesso aos algoritmos já usados anteriormente para transformar esses dados em, digamos, sinais de preço. Por isso, a elaboração isolada de um regime legal diferenciado para a questão dos dados dificilmente trará resultados adequados – ela deverá ser acompanhada por uma estratégia voltada à recuperação da infraestrutura como um todo.

Nesse ponto, muitos movimentos sociais urbanos se valem da ferramenta mais básica de seus arsenais: os pedidos de remunicipalização. Afinal de contas, tais pedidos tiveram sucessos notáveis em muitos casos relacionados aos esforços para a recuperação e a readaptação de redes inteligentes de energia elétrica, tubulações de gás e sistemas de tratamento e distribuição de água. No entanto, a remunicipalização de infraestrutura digital é complicada: em primeiro lugar, é frequente que companhias não estejam fisicamente presentes nas cidades ou mesmo nos países em que atuam, o que enfraquece a capacidade de ameaçá-las. Em segundo lugar, muitas infraestruturas que elas operam não se assemelham à volumosa infraestrutura física que ocupa nossos espaços públicos, como linhas de transmissão de energia elétrica ou tubulações de água e esgoto. Em vez disso, consistem em sensores instalados em smartphones de propriedade de cidadãos, como no caso dos usados pelo Google para prever o tráfego de várias estradas. A noção de retomada desses sensores pela cidade é ridícula e faz com que essas empresas fiquem menos inclinadas ao diálogo com lideranças da cidade. Na falta da tomada de medidas relevantes em escala nacional ou a elaboração de coordenação internacional estratégica inteligente entre cidades, a reversão dessa tendência já bastante preocupante será extremamente difícil.

Até agora, nenhuma cidade em especial "acertou", mas muitas já erraram bastante: foram vítimas das promessas de maior eficiência feitas pelas startups, de maior criatividade por parte das *hackathons*[30] e de maior transparência oferecidas por iniciativas de abertura de governo que, em vez de ajudar a eliminar repartições corruptas do setor público, disponibilizam ferramentas que acabam possibilitando o corte de unidades que até então funcionavam muito bem. Não é sem esforços que o Vale do Silício e as empresas de consultoria da Big Four, que dividem entre si o mercado da *smart city*, exercem sua hegemonia– é preciso muito trabalho, cuja extensão pode ser notada nas conferências e exposições infindáveis, na encomenda de relatórios de *think tanks* e em sucessivos artigos para conseguir pintar a *smart city* como um projeto inevitável, óbvio e em contínuo avanço.

Trata-se de um mundo em que os investidores transmitem seus próprios *podcasts*, escrevem livros sobre política e financiam filósofos (e de vez em quando processos judiciais). Nesse mundo, defender a soberania tecnológica requereria não apenas intervenções de ordem prática nas engrenagens de nossas cidades, mas também esforços ideológicos e intelectuais voltados a contrabalançar o ambiente favorável criado por grandes companhias para essas questões. Dada a alta rotatividade de conceitos e narrativas que nos são oferecidos pelo Vale do Silício e por seus intelectuais residentes – a *smart city*, afinal, é complementada

---

30 Maratonas de programação que reúnem *hackers* e programadores dispostos a explorar e analisar dados, além de discutir e desenvolver novos projetos de tecnologia. [N. T.]

pela economia compartilhada, pelo Big Data, pela Internet das Coisas, pela regulamentação algorítmica e pela Web 2.0 –, a própria ideia de soberania tecnológica pode muito em breve ser transformada em algo completamente diferente.

Na prática, a soberania tecnológica também deveria significar a habilidade de cidades e cidadãos organizarem seus interesses de acordo com princípios para além do que o filósofo Roberto Mangabeira Unger chama de "ditadura da falta de alternativas" e que é lentamente imposto pelos proponentes do pensamento neoliberal pela porta dos fundos dos mecanismos de métrica e de quantificação. À medida que aumentam os espaços urbanos que se diferenciam de outros pela lógica da ausência – de conectividade wi-fi, de tomadas para laptops, de tolerância a pessoas que se apropriam das mesas de cafés para ficar encarando suas telas o dia inteiro –, torna-se possível imaginar uma lógica da ausência similar aplicada à coleta e à análise de dados. Administradores de cidades tecnocráticas não precisam saber de tudo, muito menos reduzir o conhecimento a um único índice para compará-lo com o de outras cidades.

Negligenciar o aprendizado de alguns elementos ou de algumas dimensões de um problema não é algo perigoso em si. Escavar espaços para essa ignorância e institucionalizá-los – espera-se, por exemplo, que os integrantes do júri não leiam notícias e que não sigam as contas de mídia social dos acusados durante os julgamentos – mais ajudou do que prejudicou nossa democracia. Se o lema da quantificação neoliberal é "o que não pode ser medido não pode ser administrado", então a resposta não neoliberal mais apropriada seria "o que não pode ser administrado não pode ser privatizado". Há muitas coisas que nossos aparelhos *smart* não deveriam saber – o que deveria refletir no design deles, e não na boa vontade de seus operadores.

No curto prazo, a luta pela soberania tecnológica é só mais uma tentativa de "ganhar tempo" até que a articulação de uma pauta política e econômica mais ambiciosa seja capaz de reverter os danos causados pela virada neoliberal tanto nas políticas públicas urbanas quanto nas nacionais. Entretanto, as cidades também deveriam usar esse tempo para refletir sobre os tipos de luta nos quais gostariam de se engajar – e o que exatamente elas estão defendendo nesse processo.

Vamos supor, por exemplo, que acreditamos que a vigilância é uma das piores coisas da *smart city* e que defendemos a priorização da privacidade como uma resposta apropriada. Mas queremos que a privacidade seja assegurada como um direito ou como um serviço? Essa última possibilidade pode ser facilmente alcançada mesmo em *smart cities* privatizadas: alguém oferecerá privacidade adicional, desde que se esteja disposto a pagar. A luta por mobilidade coloca questões similares: se buscamos defender a mobilidade como um direito, o prognóstico é bastante sombrio. Se, no entanto, favorecemos a ideia de mobilidade como um serviço, a Uber estará sempre ali para nos ajudar – e por preços muito menores, graças aos subsídios atrelados a seu status de monopólio global e garantidos por nossos próprios impostos. No fim, talvez o direito à cidade deva ser reformulado como o direito à titularidade de direitos em si, já que a outra alternativa representaria arriscar permitir que gigantes digitais como o Google continuem a redefinir cada um de nossos direitos como serviços (e talvez até serviços gratuitos), desde que dados possam ser extraídos durante seu fornecimento.

PARTE 1

06

INTERVENÇÕES ESTRATÉGICAS E ALIANÇAS POTENCIAIS

Uma batalha contra a pauta das *smart cities* não será bem-sucedida sem que se estabeleçam laços fortes com outras lutas de movimentos sociais urbanos já em curso e sem uma nova geração de políticos que governem as "cidades rebeldes" e rejeitem vários aspectos geralmente apresentados como inevitáveis do urbanismo de austeridade altamente financeirizado. As lutas pelo direito à cidade e os já mencionados esforços para remunicipalizar serviços de utilidade pública e infraestruturas essenciais são o tipo de conflito capaz de dar a sustentação ativista e intelectual necessária para o questionamento da hegemonia da pauta da *smart city*.

No entanto, mesmo que sejam reposicionados nesses termos, os grandes vácuos políticos ainda precisariam ser preenchidos. O que o direito à cidade significa, por exemplo, em um centro urbano operado por companhias de tecnologia e governado por normas de direito privado, com seus cidadãos e comunidades sociais desprovidos do acesso livre e incondicional a recursos-chave, como dados, conectividade e poder computacional – e que poderiam permitir a busca de mecanismos de autogoverno? E até que ponto a perda de controle sobre uma metautilidade alimentada por informação impediria campanhas de remunicipalização de serem bem-sucedidas – seja para a retomada da infraestrutura de energia elétrica, de água ou de esgoto – e permitiria que os serviços de utilidade pública em questão fizessem a transição para seus próprios modelos *smart* de consumo, com um novo conjunto de intermediários privados?

Desmistificar a dinâmica *smart* ao apresentá-la como uma continuação potencializada e expandida por meios tecnológicos das mesmas pautas neoliberais de privatização e terceirização consistiria em um bem-vindo primeiro passo na direção certa. Essa é uma área em que movimentos sociais urbanos obtiveram avanços impressionantes por conseguirem pelo menos identificar os tipos de intervenções práticas que podem fazer a diferença: instituir a auditoria dos contratos administrativos e das negociações de dívidas públicas já existentes (muitas vezes com o auxílio de mecanismos como a auditoria cidadã); exigir algum grau de transparência e de compromisso nos processos licitatórios; investigar o papel de empresas de consultoria e de outros contratantes privados na condução de parcerias público-privadas e de iniciativas financeiras particulares; e denunciar as más práticas das empresas de *private equity* e dos fundos alternativos de administração de ativos que venham a se apropriar de infraestruturas importantes e que negligenciem investimentos de longo prazo em manutenção.

Intervenções práticas bem direcionadas também podem ter um impacto grande. Como a assinatura de contratos de *smart city* depende da compra de licenças de software, todos os esforços deveriam se voltar para a exigência do uso de softwares livres e de alternativas de código aberto – uma medida que se recomendaria que muitas cidades transformassem em lei. Moscou, pioneira nesse *front*, se comprometeu a não usar mais produtos da Microsoft em seus sistemas. No fim das contas, qualquer esforço de oposição ao domínio do paradigma da *smart city* neoliberal dependerá da capacidade de cidades corajosas que ousem desafiá-lo a demonstrar várias coisas de uma só vez. Primeiro, elas devem mostrar que os modelos econômicos propostos por empresas como a Uber, o Google ou o Airbnb não entregam os resultados prometidos – pelo menos não sem causar um volume considerável de danos para as cidades em questão, desde a ascensão da economia especulativa até o bloqueio à inovação social para quem não tem acesso aos dados.

Em segundo lugar, elas precisam provar que os recursos e as infraestruturas-chave a que agora nos referimos como *smart* podem ser implementados sob outros modelos legais e econômicos para a produção de resultados que não rejeitem a tecnologia por completo, mas antes a utilizem para beneficiar habitantes e indústrias locais, em vez de corporações transnacionais. Recuos tecnofóbicos e ameaças de regulamentação crescente – sem que sejam oferecidas alternativas construtivas – angariariam pouco entusiasmo entre cidadãos cujas expectativas quanto à inovação disruptiva já vêm sendo moldadas por suas experiências com o setor privado.

Em terceiro lugar, seria necessária uma constância de projetos-piloto e experimentos de pequena escala que permitissem tanto a identificação de projetos capazes de gerar valor para os cidadãos como o descarte daqueles que não o são.

Esses projetos não podem se dar ao luxo de não capturar algumas das ideias mais radicais associadas à ideologia da *smart city* neoliberal – como a noção dos mercados de dados das cidades – e precisam subvertê-las a fim de liberar as forças criativas de comunidades locais, embora sob um modelo não voltado ao mercado. As cidades precisam se apoderar de dados coletivos sobre pessoas, sobre o ambiente, sobre objetos conectados, sobre o transporte público e sobre sistemas de energia e precisam fazê-los circular como bens de uso comum. Infraestruturas de dados para captura, visualização e análise que se ocupam principalmente de alimentar centros operacionais municipais de propriedade de grandes comerciantes de TI (como o Centro de Operações Inteligentes da IBM no Rio de Janeiro) podem ser aproveitadas pelos cidadãos para atingir seus próprios interesses, para trazer à tona questões ligadas à corrupção, à igualdade na distribuição de recursos municipais e a outras matérias ligadas ao poder e ao acesso em defesa de um autogoverno autônomo.

O programa mais ambicioso de retomada da soberania tecnológica ao nível da cidade seria naturalmente seguido de esforços para a captura ou ao menos para a reprodução de todos os elementos-chave da metautilidade informacional emergente, desde os sensores e o poder computacional até a inteligência artificial e os dados. Sendo realistas, mesmo cidades com orçamentos generosos podem se mostrar incapazes de seguir totalmente uma pauta desse tipo e se ver obrigadas a estabelecer prioridades, ainda que por razões políticas. Muitos desses passos – como a construção de um sistema alternativo de inteligência artificial – seriam impossíveis sem a participação de outras cidades com interesses semelhantes.

Mudar o regime de propriedade de dados, no entanto, pode ser a opção menos custosa, no mínimo porque uma medida desse tipo não exigiria comprometimentos financeiros enormes e representaria uma pauta de apelo popular intuitivo: cidades e cidadãos, e não empresas, devem ser donos dos dados produzidos em ambientes urbanos e devem poder utilizá-los para melhorar os serviços públicos e impulsionar suas políticas públicas. Tomar uma atitude firme com relação à propriedade dos dados pode ajudar a alcançar vários objetivos de uma só vez. Em primeiro lugar, tornaria muito mais difícil a escalada da especulação imobiliária que é facilitada por empresas como o Airbnb: cidades e cidadãos comuns poderiam conferir se as afirmações geralmente feitas pelo Airbnb em defesa de seu modelo de negócios – no sentido de que ele favorece sobretudo usuários comuns – são comprováveis empiricamente. Em segundo lugar, colocar cidades no controle de seus próprios dados significaria tomar a principal moeda de troca de que empresas como a Uber dispõem quando estão negociando com agentes regulamentadores: em Boston, por exemplo, a Uber ofereceu às autoridades locais acesso a dados de trânsito na expectativa de em troca obter uma regulamentação mais branda. Em terceiro lugar, parece bastante improvável que cidades possam estimular o crescimento da uma economia digital baseada em alternativas locais robustas e descentralizadas ao Airbnb e à Uber sem que disponham de regimes alternativos de dados igualmente robustos: sem a vasta coleção de dados que está disponível para esses gigantes, as cidades, desafiantes menores, podem se mostrar incapazes de competir.

PARTE 2

01

PARA ALÉM DAS *SMART CITIES*: ALTERNATIVAS DEMOCRÁTICAS E COMUNITÁRIAS

Como já ressaltado, o debate sobre quais tipos alternativos de intervenções políticas e pragmáticas podem ser implementados deve ser visto no contexto mais amplo das lutas contra a austeridade, contra o neoliberalismo predatório e contra a corporização de todas as coisas. Encontramos na Europa bons exemplos de movimentos liderados por cidadãos que buscam transformar recursos em bens comuns e que defendem a administração coletiva de recursos públicos, como a água, o ar e a energia elétrica, e o fornecimento de moradia e de saúde pública sob a categoria mais geral do "direito à cidade". São alianças dessa espécie que devem ser estabelecidas ou fortalecidas durante o processo de elaboração de políticas públicas que tratem da soberania tecnológica.

Esses movimentos são ativos principalmente no âmbito das cidades e lutam contra despejos, a falta de acesso a energia elétrica, a precarização do trabalho e pela municipalização de infraestruturas públicas. Em alguns casos, cidades se opuseram à financeirização neoliberal e ameaçaram abandonar – ou, como no exemplo de Madri, efetivamente abandonaram – as agências de análise de risco e destinar parte do dinheiro economizado para custear despesas sociais. Políticas públicas devem contestar a *smart city* privatizada e construída de cima para baixo, opor-se ao monopólio da propriedade intelectual e reverter a apropriação privada dos valores produzidos coletivamente por plataformas digitais de *rent-seeking*.[1]

ESTUDO DE CASO DA CIDADE DIGITAL DE BARCELONA

Barcelona está passando por uma revolução democrática feita de baixo para cima por seus cidadãos e está promovendo redes de cidades rebeldes que inovam em políticas públicas e desafiam o *status quo*. Ada Colau, prefeita de Barcelona, é considerada uma das prefeitas mais radicais do mundo; ex-ativista pró-moradia e antidespejos, Ada foi eleita com o apoio de uma gigantesca mobilização antiausteridade e representa a principal oposição contra uma elite política e econômica que tem levado a Espanha a uma profunda crise econômica e social responsável por deixar centenas de milhares de famílias desabrigadas.

Apoiada por financiamento coletivo e organizada por meio de plataformas colaborativas que coletam as opiniões de milhares de cidadãos, a nova coalização de governo, denominada "Barcelona en comú", iniciou uma série de reformas políticas logo depois de tomar posse. Algumas de suas principais ações destinaram-se a impedir despejos, aumentar a oferta de moradia social por meio da recuperação de mais de 550 casas deixadas desabitadas por grandes bancos e regulamentar plataformas de aluguel de curta duração (como o Airbnb), que contribuem para o aumento insustentável de preços no mercado imobiliário.

---

1 Mecanismo de obtenção de renda que não se baseia na geração de valor agregado, mas na manipulação do contexto sociopolítico em que as atividades produtivas estão inseridas. [N. T.]

PARTE 2   **82-83**

Além dessa iniciativa para deter uma economia desregulamentada e que funciona sob demanda, Ada Colau iniciou uma virada em direção à remunicipalização de infraestruturas e de serviços públicos como água e energia. Entre suas ações principais estão a luta pela universalização do fornecimento de energia elétrica, cuja falta afeta mais de 3 milhões de residências espanholas que não conseguem pagar suas contas de luz. Também há promessas de remunicipalização do fornecimento de água e de mudanças nas regulamentações públicas, com a introdução de normas trabalhistas, ambientais, de gênero, sobre código aberto e sobre ética, além da facilitação de acesso de empreendimentos sociais e de cooperativas a financiamento público.

Essas novas políticas também envolvem uma abordagem crítica da *smart city* neoliberal, governada por corporações Big Tech, e um posicionamento fundado na ideia de cidades digitais democráticas, de código aberto e baseadas em bens comuns construídos de baixo para cima. Ada Colau nomeou uma nova comissária de Tecnologia e Inovação Digital, Francesca Bria, responsável por um escritório de inovação digital e pela definição das políticas digitais e de dados da cidade, pela condução da transformação digital da prefeitura e por dar início a novos projetos de inovação estratégica alinhados com as políticas prioritárias de todas as secretarias-chave por meio da criação do Comitê de Inovação Digital da Prefeitura. Seu objetivo é gerar um novo olhar a partir do qual a cidade comece a pensar e a experimentar o que a tecnologia a serviço das pessoas pode vir a ser.

Barcelona lançou em outubro de 2017 um Plano Digital desenvolvido com a participação de seus cidadãos, de comunidades de tecnologia, de integrantes do movimento *maker*, de empresas de tecnologia e de pessoas vindas do ecossistema acadêmico. A cidade pretende liderar a transição rumo à soberania tecnológica, que permitirá aos governos e a seus cidadãos determinar, com base em benefícios sociais e retornos públicos bem-definidos, suas próprias prioridades para estabelecer as direções e os usos das inovações tecnológicas. Esse processo pressupõe a recuperação de conhecimentos essenciais sobre infraestruturas de dados e de tecnologia que quase sempre continuam nas mãos de grandes multinacionais fornecedoras de serviços, ao lado do envolvimento de micro e pequenas empresas e agentes de inovação no desenvolvimento de serviços e soluções digitais que atendam às necessidades dos cidadãos.

Além disso, a cidade elaborou um roteiro de transformação digital[2] com orientações gerais e práticas democráticas digitais bem-definidas, que incluem um código de conduta tecnológica; a migração para softwares, arquiteturas e padrões de código aberto; a adoção de metodologias eficientes para o desenvolvimento de serviços de dados centrados nos usuários; a publicação de um manual para a aquisição de tecnologias que indiquem cláusulas contratuais obrigatórias de transparência, de padrões e de dados abertos; e uma nova diretiva de dados que seja fundamentada em uma ética de dados, de privacidade e de soberania sobre os dados dos cidadãos.

A intenção é desenvolver tecnologias voltadas para o bem comum, que ajudem a cidade a gerar novos modelos econômicos produtivos e sustentáveis e que facilitem compartilhar o conhecimento entre cidades e movimentos. A estratégia de Barcelona consiste em criar engajamento no ecossistema urbano por uma série de

---

2 Ver <ajuntament.barcelona.cat/digital/en/digital-transformation>.

workshops de cocriação, em que será possível influenciar diretamente o planejamento da cidade e incentivar a inteligência coletiva dos cidadãos e o envolvimento de todos os agentes urbanos – e, assim, possibilitar a evolução de um processo realizado de cima para baixo para uma sistemática realizada de baixo para cima.

Barcelona está apostando, em especial, em uma nova abordagem com relação a dados chamada *"city data commons"* [dados da cidade abertos], que consiste em fazer avançar um novo pacto social sobre dados capaz de extrair o máximo possível dessas informações e, ao mesmo tempo, garantir a soberania e a privacidade com relação a seu uso. Dados são peças centrais da infraestrutura urbana e podem ser usados para a tomada de decisões melhores, mais rápidas e mais democráticas, além de possibilitarem a incubação de novas ideias, a melhora dos serviços públicos e o empoderamento das pessoas. Como ponto central, Barcelona busca somar a essas oportunidades uma estratégia ética e responsável de inovação, com a preservação tanto de direitos fundamentais dos cidadãos como da autodeterminação informacional. Isso ajudará a garantir que os bens e os recursos públicos sejam de propriedade comum a todos e que sejam administrados em favor do bem comum.

Dados abertos também podem ajudar cidades a desenvolver alternativas a plataformas sob demanda predatórias, como é o caso da Uber e do Airbnb. A introdução de regulamentações justas e da transparência algorítmica como mecanismos voltados a domar a economia sob demanda, como muitas cidades já estão fazendo, é necessária, mas não suficiente. Barcelona inaugurou uma série de iniciativas destinadas a fortalecer alternativas à economia de compartilhamento, como plataformas cooperativas e experimentos com plataformas coletivas de nova geração baseadas em dados abertos, nas quais os cidadãos detêm e controlam seus próprios dados.[3]

Os principais obstáculos à implementação dessas novas abordagens baseadas na soberania tecnológica dizem respeito à transformação da cultura e do funcionamento interno das instituições públicas. Um dos vários desafios é transformar as contratações públicas por meio da introdução de cláusulas éticas, equitativas de gênero, de inovação e de sustentabilidade que definam como as cidades compram seus produtos e serviços. O acesso a instituições públicas é extremamente difícil. As regras são em geral complexas, e os processos de tomada de decisão no que se refere à alocação de recursos, opacos. Assim, as cidades devem incentivar métodos de alocação de recursos inovadores e participativos, tanto pela criação de novos fundos para projetos voltados a campos específicos em que haja mais demanda social quanto pelo incentivo de novos modelos de financiamento que garantam oportunidades melhores e mais democráticas de acesso e compartilhamento de recursos, como o financiamento coletivo ou o financiamento misto.[4]

Em seguida, é essencial que se nutra uma cultura de transparência que ponha fim à corrupção, como a que Barcelona está desenvolvendo com o projeto Bústia Ètica,[5] uma infraestrutura criptografada de denúncia que

---

3 Ver <www.decodeproject.eu>.

---

4 Os modelos de financiamento misto, também chamados de financiamento coletivo turbinado ou de *matchfunding*, preveem que uma fração de seus valores seja arcada por particulares e, outra, por empresas ou instituições. [N. T.]

---

5 Ver <xnet-x.net/en/whistleblowing-platform-barcelona-city-council>.

PARTE 2 | **86–87**

permite aos cidadãos reportar casos de corrupção de maneira segura. Com projetos como esse, as cidades podem também conscientizar os cidadãos sobre seus direitos na era digital, como o direito à privacidade, ao acesso à informação pública e ao conhecimento.

Por fim, as cidades devem incentivar uma cultura ágil e de experimentação em suas organizações, além de introduzir novos métodos de oferta de serviços (como em abordagens ágeis de desenvolvimento e de codesign) que coloquem as necessidades dos cidadãos em primeiro lugar e cujos impactos sociais sejam facilmente mensurados.

As instituições públicas devem também incentivar a cultura de colaboração e de parceria entre cidadãos e comunidades para muito além das corporações. O setor público pode fazer muito no sentido de sustentar e de fortalecer redes e movimentos comunitários e entregar às pessoas mais ferramentas e instrumentos legais que permitam a auto-organização coletiva e a tomada de poder necessárias para mudar a sociedade.

Em uma cidade verdadeiramente democrática, os cidadãos teriam acesso a todo conhecimento comum, a dados abertos e a infraestruturas urbanas como forma de garantia de uma qualidade de vida melhor e de serviços públicos melhores, mais baratos e mais justos. Isso depende da retomada de conhecimentos, dados e infraestruturas tecnológicas essenciais que com muita frequência estão sob controle de poucas grandes multinacionais prestadoras de serviços. Além disso, a soberania tecnológica – incluindo a adoção de softwares, padrões e estruturas livres – deve ser entendida como um pré-requisito para o desenvolvimento de uma pauta tecnológica realmente democrática e capaz de gerar novas economias produtivas e de facilitar o compartilhamento do conhecimento entre cidades, países e movimentos.

O que as cidades podem fazer para incentivar a transição rumo a uma *smart city* não neoliberal? Como esboçado por Paul Mason[6] durante o lançamento da BITS,[7] as cidades precisam de uma nova abordagem holística das políticas de tecnologia – e que pode ser resumida nas seguintes ações relativas a políticas públicas:

- o estabelecimento da cidade compartilhada e da produção colaborativa como pontos globais de referência;
- o fim das privatizações e da transferência de bens públicos para mãos privadas, assim como o incentivo à remunicipalização de infraestruturas e serviços essenciais;
- a redução massiva dos custos relacionados a direitos básicos como moradia, transporte, educação e saúde, de modo a favorecer o estrato mais precarizado da população;
- a construção de modelos econômicos baseados em dados com suporte para colaborações efetivas (com o uso de análise de dados em tempo real), permitindo que a democracia participativa paute a tomada de decisões complexas;

---

6 Ver <medium.com/mosquito-ridge/postcapitalism-and-the-city-6dda80bc201d>.

7 A Barcelona Initiative for Technological Sovereignty [Iniciativa de Barcelona pela Soberania Tecnológica] é uma parceria estratégica entre o Hans Crescent Symposium de Londres, o Instituto Interdisciplinar da Internet (IN3/UOC), o Instituto de Governo e Políticas Públicas (IGOP/UAB) e uma rede de ativistas de movimentos sociais e acadêmicos que objetiva iniciar um debate global sobre as mudanças no sentido de soberania e explorar os modos pelos quais os vários tipos de soberania dos cidadãos, das cidades, das nações e de regiões se relacionam com as tecnologias globais.

| PARTE 2 | 88–89 |

- preferir e incentivar organizações colaborativas em detrimento tanto de um Estado centralizado quanto de soluções mercadológicas;
- instituir um mecanismo de renda básica universal voltado ao combate da pobreza e da exclusão social;
- a implementação de dados abertos da cidade: determinar que dados populacionais gerados em rede durante a utilização de serviços públicos não podem ser apropriados por seus prestadores.

Um exemplo inovador é o da Agenda Digital do Governo de Barcelona, que estabelece padrões explícitos para a transição em direção à soberania tecnológica e a uma cidade fundada em dados abertos.

02

O DIREITO À CIDADE DIGITAL: RUMO À SOBERANIA TECNOLÓGICA

As cidades podem domar o poder da tecnologia e da inovação digitais em benefício de todos os cidadãos e da diversificação da economia, tornando-as mais plurais, sustentáveis e colaborativas. A introdução de novas tecnologias de rede em ambientes urbanos não se limita a equipar as cidades com maior conectividade, com mais sensores e com inteligência artificial, mas também representa a adoção de uma meta mais ampla e ambiciosa de repensar os modelos políticos e econômicos que organizam as cidades, de enfrentar desafios urbanos de longo prazo, como a concentração de renda, o custo das moradias, a mobilidade sustentável e a corrupção, e, ainda, de organizar a inteligência coletiva dos cidadãos por meio do uso de processos participativos na tomada de decisões políticas.

Com base em algumas das principais medidas que as cidades vêm tomando contra a pauta neoliberal, propomos as diretrizes de ação política a seguir para que as cidades assumam o controle de suas políticas digitais. Sugerimos também uma pauta de alternativas democráticas e de modelos mais sustentáveis caracterizados pelo controle público, pela governança democrática e pela auto-organização cidadã:

1 Incentivo a regimes alternativos de propriedade de dados.

2 Realocação de serviços de informação para plataformas de código e padrão abertos e adoção de soluções ágeis de entrega.[8]

3 Transformação das contratações públicas a fim de torná-las éticas, sustentáveis e geradoras de inovação.

4 Controle das plataformas digitais.

5 Construção e expansão das infraestruturas digitais alternativas.

6 Desenvolvimento de modelos cooperativos de fornecimento de serviços.

7 Potencialização de inovações com valor social.

8 Reavaliação de esquemas de bem-estar social e sistemas monetários complementares locais.

9 Incentivo à democracia e à soberania digitais.

REGIMES ALTERNATIVOS DE PROPRIEDADE DE DADOS: DADOS DA CIDADE ABERTOS

O acesso e o controle de dados se tornaram um recurso estratégico para as cidades. Ainda que a economia de plataforma demonstre claramente possuir um potencial de impacto econômico enorme, muitas outras questões importantes precisam ser resolvidas (primeiro e mais importante de tudo, a questão relativa à propriedade, ao controle e ao gerenciamento de dados pessoais). O ecossistema digital de hoje e o horizonte oferecido pela Internet das

---

8 O termo "ágil" se refere a métodos de desenvolvimento de software descritos no *Manifesto Ágil* (2001). Ao contrário da tradicional engenharia de software em cascata, os métodos ágeis são iterativos e flexíveis, seus softwares evoluem em resposta a mudanças no ambiente de negócios ou a exigências sociais e suas soluções surgem por meio da colaboração de equipes multifuncionais de desenvolvimento de serviços, da eficácia em sua implementação e de seu contínuo aprimoramento.

PARTE 2

Coisas são muito fragmentados, com uma multiplicidade de soluções verticais que não podem ser aplicadas em paralelo e que oferecem seus próprios arranjos de dispositivos, pontes de ligação, plataformas e instrumentos de manejo de informações armazenadas em "silos" de dados. Essa fragmentação impede o gerenciamento dos dados e, em última análise, os afasta do controle do usuário final. Esse quadro se instala quando micro e pequenas empresas, startups e outros agentes de inovação não conseguem chegar a propostas de valor definidas para oferecer componentes e soluções baseados em dados de maneira aberta e horizontal e que operem em paralelo – somado ao fato de que a elaboração dessas soluções a partir do zero é simplesmente cara demais.

As cidades deveriam ter como objetivo a quebra dessa acumulação de dados, o que pode ser alcançado por meio da disponibilização de dados em silos verticais, da experimentação com registros distribuídos e com infraestruturas descentralizadas capazes de trazer melhoras à privacidade, como *blockchains*, e com a apresentação de novos modelos e estruturas que recompensem e incentivem o compartilhamento e, assim, possibilitem a descoberta desses dados, as transações relacionadas a eles e a proteção de seu compartilhamento.

O DIREITO A DADOS COMO BENS COMUNS

DECODE

Barcelona e Amsterdã

As cidades de Amsterdã e de Barcelona, por meio do projeto DECODE, custeado pela União Europeia, implementarão uma infraestrutura descentralizada de dados que devolverá a propriedade e o controle sobre as informações aos cidadãos, oferecerá soluções de gerenciamento de dados e de Internet das Coisas flexíveis e atentas à privacidade e, ao mesmo tempo, protegerá o direito à privacidade. Baseada na tecnologia de *blockchain*, essa infraestrutura será construída com a participação ativa dos cidadãos, empreendedores sociais, *hackers* e especialistas em privacidade. Uma vez iniciadas suas operações, os agentes de inovação poderão construir soluções interoperáveis a partir da plataforma a ser oferecida e por meio de workshops e de competições.

MYDATA

Helsinque

MyData é uma abordagem humanística para o gerenciamento de dados pessoais que combina as necessidades de organizações com o respeito aos direitos humanos digitais e que permite que as pessoas consintam com o uso de seus dados para finalidades secundárias. Essa abordagem se baseia no novo Regulamento Geral sobre a Proteção de Dados da União Europeia, que concede aos cidadãos maior controle sobre seus dados pessoais e os autoriza a visualizar e a modificar o modo como consentem com o uso de seus dados ao longo do tempo. Uma série de projetos técnicos e legais está englobada pela estrutura do MyData, e já existe uma comunidade se formando para desenvolver padrões abertos e modelos de interoperabilidade nacionais (reproduzíveis em escala internacional) para o gerenciamento de dados pessoais.

PARTE 2

DATACITÉS

Paris

Lançado em 2016, esse programa é capitaneado pela comunidade OuiShare (uma rede de economia de compartilhamento) e pela Chronos. Localizado em sua maior parte na França, o DataCités aborda o tópico do direito dos cidadãos a dados como bens públicos por meio do envolvimento de todas as partes interessadas no processo. O programa também pretende incentivar modelos alternativos para serviços urbanos nas áreas de mobilidade, energia e controle de resíduos com base na concepção de dados como recursos públicos.

HEALTH KNOWLEDGE COMMONS

[CONHECIMENTO EM SAÚDE ABERTO]

Reino Unido

O programa Health Knowledge Commons, iniciado pela fundação britânica Nesta durante o trabalho realizado por ela no sistema de saúde britânico, reúne o que se sabe sobre doenças, diagnósticos e tratamentos e, ao facilitar o acesso a essas informações, possibilita que sejam estabelecidas relações entre essas informações e outros dados personalizados que revelem, por exemplo, predisposições genéticas.

MIDATA.COOP

O MIDATA permite que cidadãos reúnam de maneira protegida todos os dados relacionados a sua saúde ou a outras informações pessoais em um só lugar. Os usuários podem decidir compartilhar esses dados com amigos ou médicos ou participar de pesquisas por meio do fornecimento de acesso a subcategorias de informações. O programa MIDATA.coop torna possível que os cidadãos armazenem, gerenciem e controlem o acesso a seus dados pessoais com segurança ao ajudá-los a estabelecer e a operar cooperativas MIDATA sem fins lucrativos nacionais e regionais.

ESCRITÓRIOS DE ANÁLISE DE DADOS PARA O APRIMORAMENTO DE SERVIÇOS PÚBLICOS

O acesso a dados públicos possibilita a redefinição de serviços por meio da identificação, por exemplo, de prédios subaproveitados e de índices médios de preços, do melhoramento da mobilidade urbana ou do estabelecimento de conexões entre grupos de dados em caso de emergências públicas de saúde. Esses serviços serão construídos em interfaces de programação de aplicativos (API) como as que já são usadas no transporte público. Se as coisas continuarem como estão, escritórios de análise de dados poderão ajudar a regulamentar (e a tributar) partes da economia de compartilhamento, como o Airbnb e a Uber. Muitas cidades grandes, como Londres, Barcelona, Boston e Nova York, estão preparando escritórios desse tipo para ajudá-las a tirar o maior proveito possível dos dados públicos que já existem.

As cidades também poderiam desenvolver novos programas legais, econômicos e de governança, além de padrões comuns, para fomentar o comportamento colaborativo em indivíduos que, por sua vez, contribuiriam para o acesso aberto digital, inclusive no que se refere a dados pessoais.

Um motivo importante para cidades e municípios terem fracassado em incentivar negócios locais baseados no uso intensivo de dados que pudessem competir com a Uber e o Airbnb é a falta de acesso a dados brutos. Hoje, as ci-

PARTE 2   96–97

dades possuem mais dados do que nunca mas, apesar de crescer exponencialmente, ainda assim essa informação não está organizada nem é de fácil acesso. Parte dela está na internet, enquanto o resto está dividido entre várias secretarias e entre empresas que prestam consultoria para as prefeituras. Os cidadãos vivem nos mais variados tipos de espaço virtual hiperconectado, geram e usam informações em tempo real, acessam bancos de dados remotos e participam de sistemas de contribuição coletiva. O conhecimento está distribuído, e não centralizado.

As cidades deveriam tentar interromper essa acumulação de dados tornado-os acessíveis por meio de mecanismos de distribuição em silos verticais. Elas deveriam experimentar com a construção de uma economia de compartilhamento baseada em bens comuns e que seja voltada para os dados em si, mas na qual os dados sejam gerados e reunidos por cidadãos e por redes públicas de sensores disponibilizadas para uso comunal mais amplo – e dotadas das medidas apropriadas de proteção de privacidade. Como resultado disso, um novo grupo de startups, micro e pequenas empresas, ONGs, cooperativas e comunidades locais poderia se valer desses dados para construir aplicativos e serviços mais relevantes para eles e para a comunidade em geral.

A meta desse processo é criar um ecossistema descentralizado de inovação que atraia uma massa crítica de agentes de inovação capaz de redirecionar a economia sob demanda centralizada e alimentada por dados em direção a uma economia descentralizada, sustentável e baseada em bens comuns. As iniciativas de dados da cidade abertos devolvem agência e controle aos cidadãos com o objetivo de instrumentalizar dados e informações coletivos para a melhora das condições de vida de todos.

CÓDIGO ABERTO, PADRÕES ABERTOS
E ENTREGA ÁGIL DE SERVIÇOS

As cidades estão passando por grandes transformações digitais, com a implementação de novos serviços digitais estratégicos nas áreas de moradia popular, transição energética e mobilidade. Além disso, estão transformando suas estruturas (legais, de políticas públicas, de contratação) para torná-las mais transparentes, participativas e eficientes, enquanto atualizam as infraestruturas digitais que fazem com que operem melhor e de maneira mais atenta às necessidades de seus cidadãos.

Serviços públicos têm que ser "digitais por padrão" e estruturados com base nas necessidades dos cidadãos para que possuam valor social. Além disso, precisam ser desenvolvidos de modo mais ágil e devem ser acessíveis e utilizáveis por todos – incluindo cidadãos com escassa habilidade digital ou com deficiências de qualquer tipo. Devem ser abertos, modulares e interoperáveis, de modo que possam ser reutilizados por outras cidades. Ao mesmo tempo, devem evitar soluções proprietárias que favoreçam a vinculação a fornecedores específicos e que, assim, criem dependências de longo prazo. O uso de software livre, de código aberto e de padrões e arquiteturas abertos é essencial para esse objetivo. Ao caminhar para as arquiteturas abertas, integráveis e neutras, as cidades se deparam com sistemas legados[9] proprietários complexos, com estruturas de poder que favorecem empresas Big Tech e uma forma às vezes rígida de organização de administração pública que, por inércia, continua a aplicar soluções injustas e dispendiosas que criam dependências de longo prazo de fornecedores e privam a cidade de descobertas estratégicas e de *know-how.*

---

9 Sistemas legados são sistemas computacionais ultrapassados ainda em operação. [N. T.]

PARTE 2

Para implementar essa nova visão estratégica, as cidades precisam formar novas alianças e transformar os processos de aquisição de tecnologia por meio da elaboração de um novo sistema de contratação baseado em múltiplos vendedores e pela utilização de um mercado digital aberto que incentive a competição em igualdade de condições e a diversidade de fornecedores. Além disso, precisam estabelecer novas parcerias com a comunidade de fornecedores de tecnologia, entre elas micro e pequenas empresas e agentes recém-chegados. O novo mercado de fornecedores facilitará a adoção de soluções de inovação e, assim, poderá afastar as cidades das grandes estruturas contratuais e de soluções vinculantes, além de abrir novas oportunidades para micro e pequenas empresas, startups e empreendimentos sociais inovadores. Esse processo deve ser acompanhado de uma nova estrutura voltada para a compra aberta e ética de tecnologias e, mais especificamente, para o uso de novas cláusulas contratuais que favoreçam soluções de padrão e códigos abertos e a inovação ética e responsável, a soberania e a proteção de dados. Para administrar essas mudanças, as cidades devem ainda preparar um plano de mudança de cultura e de capacitação voltado à mudança de culturas organizacionais, ao desenvolvimento interno de novas aptidões e à retenção de habilidades essenciais que muito frequentemente são terceirizadas.

Muitas cidades estão trabalhando na transição de produtos e serviços essenciais para softwares livres e de código aberto e para padrões abertos, além de estarem criando repositórios compartilhados de códigos de licença aberta que podem ser reutilizados por várias organizações. Elas também estão compartilhando planos de migração e códigos de conduta tecnológica capazes de guiar a transformação digital, o desenvolvimento, a reutilização e o compartilhamento de códigos, bem como a entrega de soluções governamentais comuns. Softwares de código aberto, padrões abertos e arquiteturas abertas possibilitam que organizações políticas compartilhem inovações com outras autoridades locais sem custos adicionais. Dessa maneira, políticas digitais são elaboradas para que sejam compatíveis com o acesso livre e com o reaproveitamento de códigos-fonte públicos abertos e desenvolvidos sob medida. Ao disponibilizar códigos-fonte para compartilhamento e reutilização entre cidades, governos locais evitam redundâncias na compra de softwares customizados e incentivam a inovação e a colaboração entre agências públicas, inclusive quanto a mecanismos de aquisição conjunta de produtos.

As cidades podem ser bastante dinâmicas na promoção da transformação de software livre e têm um papel central a desempenhar na implementação de recomendações de códigos e padrões abertos estabelecidas por governos nacionais e pela Comissão Europeia.

CONTRATAÇÃO PÚBLICA ÉTICA, SUSTENTÁVEL E DE INOVAÇÃO

Os contratos públicos são essenciais para todos os governos e representam 17% do PIB europeu.

CÓDIGO ABERTO, PADRÕES ABERTOS E REAPROVEITAMENTO NA ADMINISTRAÇÃO PÚBLICA

Em 2012, a Agenda Digital da Comissão Europeia recomendou que todos os corpos governamentais espalhados pela Europa implementassem padrões abertos. Essa política foi desenvolvida para libertar as instituições públicas da dependência de softwares proprietários e de fornecedores de tecnologia. Em março de 2016, a Comissão publicou um estudo aprofundado conduzido por consultores da PWC sobre boas práticas em contratos de tecnologias de informação e comunicação voltadas à redução dessa dependência. Apesar da política adotada pela União Europeia, foram identificadas mais de 2 620 referências a 188 fornecedores em uma amostra de 1 726 minutas contratuais – os mais frequentes deles eram a Microsoft, a SAP, a Oracle, a IBM e o Linux. O domínio da Microsoft tem sido gradualmente contestado, à medida que agências governamentais começam a trocar o Office por alternativas de código aberto. Hoje, o debate avançou em direção à questão de como evitar dependência fazendo uso de sistemas operacionais de código aberto e de softwares em centros de dados governamentais e na nuvem.

Nos últimos dez anos, a cidade de Munique se afastou da Microsoft, adotando o Linux, o OpenOffice (e, mais tarde, o LibreOffice) e outras soluções de código aberto. A migração foi declarada formalmente concluída em 2013. De acordo com um relatório de 2008 da Comissão Europeia, o motivo principal por trás da migração foi "o desejo de independência estratégica de fornecedores de softwares". Um relatório de 2012 encomendado pela cidade se vangloriava do fato de que a migração teria levado a cidade de Munique a economizar 11,6 milhões de euros. Após a mudança de governo em 2017, a nova administração começou a discutir a possibilidade de abandonar o sistema operacional de código aberto da cidade, o LIMUX, e voltar para o Windows em 2021. A ideia desencadeou um debate feroz sobre os custos dessa volta a sistemas operacionais proprietários, assim como sobre seus impactos de curto e de longo prazos. Também demonstrou a dificuldade de tornar esse tipo de mudança sustentável ao longo do tempo sem que haja alianças robustas e sem uma abordagem holística que integre estruturas tecnológicas, econômicas e legais alternativas.

Seguindo o exemplo de Chicago, Barcelona e Amsterdã, entre outras, as cidades têm começado a colaborar para a criação de repositórios compartilhados de códigos abertos no GitHub. Nova York, São Francisco e Helsinque também mantêm equipes internas de desenvolvimento de software aberto.

Um esforço concentrado para encorajar governos a aumentar o uso de códigos e padrões abertos começou a ser feito pelos próprios agentes públicos. Em toda a Europa, integrantes do setor público migraram, ou pelo menos tentaram migrar, para softwares de código aberto: um fundo de pensões sueco, escolas da cidade polonesa de Jaworzno, as sedes administrativas de Barcelona e Roma, o conselho local de Camden, em Londres, autoridades públicas em Nantes, o governo regional da Estremadura espanhola, 75% dos municípios na região belga de Wallon e a cidade portuguesa de Vieira do Minho são exemplos. O Departamento de Defesa italiano e a polícia estatal francesa (a Gendarmerie Nationale) também lançaram grandes projetos de migração para softwares de código aberto e, assim, possibilitaram milhões em economia para os contribuintes.

O esforço mais holístico de todos veio da iniciativa do governo do Reino Unido Government Digital Service [Serviço Digital do Governo], que estabeleceu um Digital Service Standard [Padrão de Serviço Digital] e um Technology Code of Conduct [Código de Conduta para Tecnologias], que recomendam explicitamente o uso de softwares de código aberto e de padrões abertos. As instituições públicas britânicas são obrigadas a publicar tudo em formato aberto e, assim, incentivam uma mudança na forma como serviços públicos são pensados, que deve ser "digital por padrão" e deve colocar os "cidadãos em primeiro lugar". De acordo com os padrões de serviços digitais, os serviços públicos devem ser desenvolvidos para priorizar o cidadão de forma flexível e iterativa, e oferecer serviços melhores em resposta a suas necessidades. Esse processo resultou no desenvolvimento de novos serviços públicos e na economia de tempo e de recursos, além de ter atraído talentos tecnológicos para trabalhar para o governo. Ainda que autoridades locais e o sistema público de saúde permaneçam muito dependentes de softwares proprietários, a ideia está se espalhando rapidamente para departamentos governamentais menores por toda a Grã-Bretanha.

De fato, o uso estratégico dos contratos públicos tem um impacto enorme. Contratos governamentais e compras públicas devem incluir novos agentes e novos formatos para permitir que produtos e serviços do governo sejam de código aberto; isso significa incorporar a esses processos de contratação elementos de inovação com foco em sustentabilidade e inclusão. Contratos de inovação significam a inclusão de departamentos de compras no processo de abastecimento, a fim de garantir que tecnologias (como software livre e de código aberto) possam ser obtidas de fornecedores confiáveis a custos mais baixos e com melhor qualidade e que padrões abertos e interoperabilidade sejam implementados. Softwares de código aberto deveriam ser de fácil aquisição para governos de todos os níveis.

As diretivas de contratação adotadas pelo Parlamento Europeu em 2014 incluem mudanças como aumento de flexibilização, simplificação de procedimentos, de negociações e de prazos, maior clareza nas condições necessárias ao estabelecimento de contratos colaborativos ou conjuntos e criação de parcerias para a inovação.

CONTRATAÇÃO PÚBLICA SUSTENTÁVEL, ABERTA E DE INOVAÇÃO

As cidades estão cada vez mais cientes do poder da contratação pública estratégica. Na pauta de governo de 2016-19, Barcelona começou a rever a integralidade dos processos de contratação pública para facilitar que os gastos públicos fossem feitos de forma mais eficiente e capaz de inovar tanto nos produtos e serviços quanto no perfil de seus fornecedores, com maior acesso a micro e pequenas empresas. O Conselho da Cidade introduziu cláusulas éticas e de inovação em editais de licitação que incorporam essa nova visão e facilitam o acesso de micro e pequenas empresas aos contratos públicos. Novos contratos de tecnologia serão mais abertos, transparentes, inovadores e ágeis, expandirão o alcance dos fornecedores e facilitarão a aquisição de soluções de código e de padrão abertos. Também serão levados em consideração aspectos relativos à soberania e à privacidade, em atenção a regulamentações legais e à proteção de dados, inclusive com relação à estimativa de impactos éticos e sobre a privacidade. Como resultado, novos processos de contratação, um mercado digital e um novo manual de aquisição de tecnologias serão produzidos.[10]

A Europa oferece uma série de bons exemplos no campo das *smart cities*, como a contratação de novos sistemas de iluminação para os prédios públicos de Hamburgo ou o consumo sustentável de energia elétrica em prédios públicos em 37 municípios do País Basco. Esses e muitos outros casos foram documentados em uma biblioteca de contratação pública sustentável publicada pela Comissão Europeia.[11]

---

10 Ver <ajuntament.barcelona.cat/contractaciopublica/en>.

11 Ver <www.forumforthefuture.org/>.

OPEN CONTRACTING STANDARDS (OCDS)

Governos ao redor do mundo gastam mais de 9,5 trilhões de dólares por ano em contratos, mas, ainda assim, poucas informações sobre como esse dinheiro é usado estão disponíveis para o público. O Open Contracting Data Standard (padrão de dados contratuais abertos) incentiva a liberação de dados e de documentos em todos os estágios do processo de contratação, ao definir um modelo de dados públicos vinculado ao aprimoramento das contratações e à abertura dos dados contratuais. Esse sistema permitirá ao setor público o oferecimento de serviços melhores para os contribuintes graças ao acesso a um grupo de diferentes fornecedores, o que evitará a vinculação a uma empresa específica e a prática de corrupção. Tal modelo foi criado para ajudar organizações a aumentar a transparência de seus contratos e para permitir uma análise mais profunda dos dados de contratação por uma grande quantidade de usuários, a fim de combater a corrupção e melhorar a oferta de serviços. Construído em 2014 pela Web Foundation, o OCDS está sendo testado por seis países, nos quais já facilitou a liberação de 2 milhões de contratos governamentais.

TECNOLOGIA A FAVOR DA TRANSPARÊNCIA: A PLATAFORMA DE DENÚNCIAS DE BARCELONA

Xnet, um projeto ativista que trabalha com direitos digitais desde 2008 como componente do Conselho Consultivo de Cidadãos do Escritório de Transparência da cidade de Barcelona, lançou em janeiro de 2017 a primeira Caixa de Reclamações Anticorrupção ("Bústia Ètica", em catalão), desenvolvida com o uso de tecnologias de proteção do anonimato como o Tor e a GlobalLeaks. Com esse projeto pioneiro, a Prefeitura de Barcelona se tornou o primeiro governo municipal a oferecer a seus cidadãos ferramentas para o envio seguro de informações com garantia de privacidade, além de oferecer a opção de anonimato total.

Dentro das estruturas de contratação pública de inovação da União Europeia,[12] deve-se mencionar um impulso e um incentivo nítidos à inovação com foco específico não apenas em produtos e serviços, mas também na facilitação de acesso de micro e pequenas empresas, cooperativas e fornecedores aos contratos públicos – uma fonte valiosa de inovação. É raro que organizações desse tipo considerem participar desses contratos, dadas as dificuldades de geri-los e as restrições em relação à capacidade financeira que em alguns casos limitam os participantes a grandes corporações.

Os objetivos finais das transformações dos contratos públicos são: I) favorecer o uso mais estratégico, eficiente e transparente de recursos públicos e de investimentos no governo; II) incentivar a inovação governamental com impacto social e a serviço de transformações no ambiente; III) melhorar a qualidade dos serviços públicos direcionada ao atendimento das necessidades reais dos cidadãos; e IV) facilitar o acesso aos contratos públicos para micro e pequenas empresas e cooperativas, a fim de oferecer a elas novas oportunidades de dimensionamento e de sustentação de suas soluções e, assim, favorecer a criação de empregos de qualidade.

ASSUMINDO O CONTROLE DAS PLATAFORMAS DIGITAIS

Plataformas sob demanda como a Uber, o Lyft e o Airbnb estão crescendo a uma velocidade incrível e estão desorganizando setores sociais e desafiando regulamentações.

---

12 Ver <innovation-procurement.org/>.

PARTE 2 | 106–107

O futuro da economia sob demanda é crucial para a economia europeia, especialmente no contexto da atual crise de desemprego na Europa diante da rápida automação das linhas de montagem. Em resposta à automação de larga escala e à desregulamentação do mercado de trabalho engendrada pelo aumento da economia informal, algumas cidades estão lançando programas-piloto experimentais em políticas públicas de diversas áreas, que vão desde a introdução de programas de renda básica até novos programas educacionais voltados a ensinar Steam fields e fabricação digital em escolas.

Incapazes de evitar a concorrência desleal que atinge os empresários locais, essas cidades também estão se esforçando para introduzir mecanismos de regulação justa com relação à tributação de grandes plataformas digitais e companhias de tecnologia. Um novo objetivo da regulamentação é a questão da transparência em algoritmos, com relação à qual governos e autoridades antitruste estão começando a exigir acesso aos dados e metadados das empresas a fim de evitar a ocorrência de discriminação algorítmica em áreas que atinjam indivíduos vulneráveis, como precificação dinâmica ou prestação de serviços de seguro para pessoas físicas. Há riscos de que a economia sob demanda desorganize cada vez mais as indústrias locais, resultando em desemprego e na precarização do trabalho, especialmente para a faixa etária mais jovem da população. Podemos encontrar bons exemplos de cidades que, a fim de fazer as leis locais serem cumpridas, estão desenvolvendo novas maneiras de regulamentar o Airbnb e a Uber e exigindo acesso a dados e transparência em algoritmos.

Companhias como a Uber têm estado sob ataque por toda a Europa nos últimos meses e, como resultado, agora estão tentando mudar seus modelos de negócios e abrir suas plataformas para motoristas de táxi. O setor público, no entanto, já deveria ter disponibilizado dados e plataformas para a criação de novos empregos e de inovação voltadas ao bem comum. Cidades e governos devem poder rodar esses sistemas e camadas de dados por conta própria (por meio da construção de sistemas que respeitem intrinsecamente a proteção de dados, a privacidade e a soberania dos cidadãos) e então convidar companhias locais, cooperativas e organizações sociais para aderirem a ele e oferecerem serviços com base nessas infraestruturas públicas de dados. Uma razão importante para cidades e municípios terem até agora falhado em incentivar negócios locais baseados em dados, que, por sua vez, poderiam competir com a Uber e o Airbnb, é a falta de acesso a dados brutos. As cidades devem incentivar e mostrar a viabilidade de plataformas abertas e descentralizadas de dados, nas quais as pessoas podem usar dados contextuais para subsidiar decisões e ações significativas.

O futuro da economia de compartilhamento consiste na tomada de controle das cidades sobre as plataformas digitais para além da mera regulamentação da conduta de seus gestores, a fim de dar poder a alternativas à economia de compartilhamento como as plataformas cooperativas; os distritos *maker*, que estão reinventando a produção; o desenvolvimento de novas cidades, em que os modelos econômicos circulares possam ser testados e aplicados em escala, e a criação de dados da cidade abertos capazes de fazer florescer uma economia alternativa, baseada em dados.

CONTROLE DE PLATAFORMAS: A UBER EM MOSCOU, O AIRBNB EM AMSTERDÃ E EM BARCELONA

As cidades estão fazendo avançar políticas públicas mais agressivas de regulamentação de agentes da economia sob demanda cujas condutas anticompetitivas tendem a burlar regulamentações locais.

No setor de transportes, Moscou chegou a um acordo com a Uber para só permitir que a gigante tecnológica americana opere na capital da Rússia se a companhia usar motoristas de táxi registrados na prefeitura e compartilhar os dados de viagem com as autoridades locais. A Uber entrou no mercado russo em 2013 com o objetivo de expandir rapidamente para as quarenta maiores cidades russas. A Rússia, no entanto, possui um mercado interno de táxis altamente competitivo, com participantes como Yandex e muitas outras companhias locais na operação de um sistema bastante eficiente e que, assim, puderam exercer pressão sobre as autoridades locais para encontrar soluções às tentativas da Uber de dominar o mercado. As negociações foram concluídas pela Autoridade de Trânsito de Moscou em março de 2016, depois de a Uber ter sido inicialmente ameaçada de expulsão. A companhia aceitou compartilhar os dados de viagens com outras instituições públicas em cidades como Boston, Nova York e São Francisco (ainda que muitas condições desses acordos permaneçam inacessíveis para análise). Para os centros urbanos, o acesso aos dados da Uber é crucial para que se possa avaliar o impacto de sistemas de transportes nas cidades e para regulamentar de modo justo o mercado de táxis e as tarifas relacionadas a eles – impedindo, assim, que a Uber destrua a competição local graças à sua enorme superioridade financeira.

De modo similar, Amsterdã está em negociações com o Airbnb para pôr fim a locações ilegais. O Airbnb apresenta um desafio crescente às políticas de moradia popular barata ao fazer os preços dos aluguéis dispararem e ao promover a financeirização da vida urbana. Ele se comprometeu a estabelecer em seu site limites capazes de restringir aluguéis a sessenta noites por ano com, no máximo, quatro hóspedes por apartamento. Além disso, os residentes poderão apresentar reclamações contra inquilinos barulhentos ou agressivos. Agora, Amsterdã está com os locatários ilegais na mira, à caça de intermediários profissionais que usam o Airbnb para arrancar lucros adicionais. A cidade reavaliará esses acordos a cada três ou quatro meses para monitorar seus progressos e garantir que eles sejam cumpridos.

Barcelona, por sua vez, procurou regular o Airbnb de modo mais rigoroso. O novo governo começou depressa a reprimir o turismo descontrolado e a melhorar a vida das 31 mil famílias da cidade que não possuem moradia – e, ao fazê-lo, arrumou briga com sites de aluguel de residências. O Conselho da Cidade congelou novas licenças para hotéis e outras acomodações turísticas e prometeu multar empresas como o Airbnb e a Booking.com que divulgassem apartamentos não registrados nos órgãos de turismo locais. A cidade ofereceu a essas companhias a possibilidade de negociar 80% do valor dessas multas caso elas doassem seus apartamentos vazios para o Consórcio de Moradia Social de Emergência de Barcelona para serem disponibilizados por três anos como unidades de habitação. Como Colau declarou: "Uma plataforma de internet não pode ser usada como instrumento para inviabilizar regulamentações e abrigar apartamentos turísticos ilegais".

O Airbnb ocupa uma posição dominante no mercado de locações de curta duração. Com 17 370 acomodações urbanas disponíveis, Barcelona representa o quinto maior mercado da empresa. Por isso, o Airbnb encoraja a demanda de turistas de modo significativo e cria mecanismos externos adicionais de pressão sobre a cidade, fazendo os aluguéis subirem e os mora-

PARTE 2 | **110–111**

dores saírem. Apesar de a Lei Catalã de Turismo exigir que as acomodações turísticas sejam registradas no Escritório Catalão de Turismo, 78% das acomodações do Airbnb em Barcelona não possuem licença de operação (de acordo com o grupo Inside Airbnb). Segundo o Conselho, 7 mil dos 16 mil aluguéis de temporada não são licenciados.

O Conselho da Cidade agiu de modo incisivo para reprimir o aluguel ilegal de apartamentos não licenciados, duplicando suas equipes de inspetores que monitoram aluguéis irregulares, por meio de cruzamentos de dados de licenciamento com informações sobre imóveis anunciados na plataforma, e multando o Airbnb em 600 mil euros pela reincidência na oferta de flats não licenciados em sua plataforma. Agora, a cidade constituiu uma Assembleia Popular voltada ao turismo responsável, na qual cidadãos podem debater democraticamente qual modelo de turismo gostariam de ver aplicado em suas cidades.

CONSTRUINDO INFRAESTRUTURAS
DIGITAIS URBANAS ALTERNATIVAS

Muitas cidades ao redor do mundo estão investindo em infraestruturas como banda larga para oferecer serviços digitais que ultrapassem fronteiras e para garantir acesso igualitário e amplo à conectividade. Intervenções pesadas por parte de cidades a fim de fornecer conectividade de banda larga para todos os seus cidadãos também estão sendo planejadas em função dos recentes ataques à neutralidade da rede e de propostas regulatórias que, em relação ao acesso a redes, favorecem grandes companhias de internet e provedores de banda larga e conteúdos comerciais.

Essa situação está forçando as cidades a se tornarem mais proativas no fornecimento de infraestruturas neutras e de banda larga, como direitos básicos.

As cidades também estão implementando infraestruturas digitais descentralizadas alternativas, que incluem repositórios distribuídos de dados abertos, estruturações de rede desenhadas de baixo para cima, redes wi-fi *ad hoc*,[13] nuvens federadas[14] e sistemas de gerenciamento de dados distribuídos. O objetivo é incentivar um ecossistema inteiro de serviços e aplicativos que operem sobre plataformas urbanas abertas e baseadas em modelos de inovação participativa voltadas para soluções de código e de hardware abertos.

Intervenções urbanas pesadas de nível regional e na União Europeia (por meio de fundos de desenvolvimento regional e de infraestrutura, por exemplo) poderiam dar apoio a essa área de desenvolvimento alternativo, tão distante dos interesses de curto prazo das grandes corporações; até agora, elas têm se limitado a iniciativas isoladas e à ação de ativistas, de *hackers* e dos próprios usuários. Um ecossistema digital alternativo baseado em tecnologias abertas e descentralizadas permitiria que se reconhecesse o alto potencial social desse modelo e possibilitaria que uma nova geração de inovações industriais e sociais fosse inaugurada e ganhasse velocidade.[15]

---

13 Nas redes *ad hoc*, cada dispositivo conectado funciona individualmente como um roteador e, assim, não há necessidade de pontos de acesso comuns aos computadores que pretendam acessá-las. [N. T.]

---

14 Nuvens federadas ou federações de nuvens consistem na prática de interconectar ambientes de computação em nuvem de provedores distintos para possibilitar a melhor distribuição de recursos ou a acomodação de demandas de usuários em horários de pico. [N. T.]

---

15 Ver <ec.europa.eu/futurium/en/content/growing-digital-social-innovation-ecosystem-europe-dsi-final-report>.

PARTE 2 | **112-113**

Outras ameaças pairam no horizonte. Como a economia global depende cada vez mais do gerenciamento de serviços baseados no uso intensivo de informações e está apoiada por redes digitais, sistemas de conhecimento e de informações correm o risco de se verem capturados por jardins murados[16] e por ecossistemas proprietários.[17] A arquitetura da internet, que no passado já foi distribuída, redimensionável e aberta, está evoluindo rumo a infraestruturas centralizadas de dados baseadas em padrões fechados e proprietários, com modelos inacessíveis de governança e de rentabilidade em que grandes corporações americanas capturam rendimentos monopolísticos em função de efeitos de rede[18] intensos.

Além disso, muitos projetos de *smart cities* são concebidos como sistemas operacionais urbanos proprietários – o que leva o mercado a ser dominado por apenas alguns agentes corporativos e intensifica a disseminação de técnicas de captura de consumidores por meio de sensores e mecanismos de vigilância. O desafio a ser enfrentado pelas *smart cities* é responder a essas críticas com o de-

---

16 Do inglês *walled gardens*, a expressão se refere a espaços tecnológicos em que aplicações, conteúdos, informações e ferramentas de desenvolvimento disponibilizados estão sob controle total de seus provedores. [N. T.]

17 Ver <cordis.europa.eu/fp7/ict/fire/docs/tafi-final-re-port_en.pdf>.

18 Efeitos de rede ou externalidades de rede se referem à influência que o número de utilizações de um bem ou serviço exerce sobre o valor do produto para outros usuários. No caso da telefonia, por exemplo, quanto maior o número de usuários, mais utilidade haverá para uma linha telefônica (e, como consequência, os usuários passarão a considerá-la um recurso mais valioso). [N. T.]

senvolvimento de tecnologias responsivas e acessíveis às pessoas cujas vidas são afetadas por elas. O valor de tecnologias conectadas está no acesso mútuo entre cidadãos e no aprofundamento das relações sociais, e não apenas no acesso a dados ou a informações.

As *smart cities* devem se tornar sistemas abertos e flexíveis que se adaptem às mudanças sociais e às inovações institucionais. Elas devem ser planejadas com base nas prioridades políticas e nas necessidades dos próprios cidadãos, em vez de serem pensadas de acordo com os imperativos técnicos de vendedores e seus modelos de negócios. Muitas iniciativas privilegiam métodos de desenvolvimento que envolvam ativamente os cidadãos no planejamento da próxima geração de infraestruturas e serviços públicos e, consequentemente, na construção de um ecossistema e de uma infraestrutura (legal, comercial, econômica) comuns para serviços digitais interoperáveis. Além disso, o processamento de informações urbanas em tempo real e a concessão de acesso público a dados podem facilitar uma transformação no modo como recursos públicos são utilizados, além de uma melhora dos sistemas públicos de mobilidade, transporte e saúde.

A mobilização do potencial compartilhado de softwares e de infraestruturas de telecomunicação, aliada ao aumento de investimentos públicos, aprofundará a cooperação entre cidades e regiões no desenvolvimento de infraestruturas. Autoridades locais e regionais poderão assim servir de catalisadores para a inovação, e poderão coordenar estratégias de inovação urbana e financiar programas-piloto redimensionáveis e inseridos em contextos do mundo real, com a aproximação de desenvolvedores, designers, empreendedores e usuários finais europeus. Mesmo que plataformas sociais *smart* em cidades e em regiões venham a se tornar sistemas auto-organizáveis e autossustentáveis em estágios mais avançados de desenvolvimento, sua atual implementação exige investi-

PARTE 2

mentos públicos de nível regional e uma abordagem sistêmica bem definida.

Exemplos de esforços mais bem estruturados são os programas CAPS da Comissão Europeia,[19] que já representaram investimentos de quase 60 milhões de euros em plataformas digitais colaborativas e abertas voltadas à condução de projetos que sejam desenvolvidos de baixo para cima por cidadãos e que tenham alto impacto social, e a iniciativa Internet de Nova Geração,[20] que pretende apoiar plataformas europeias alternativas de internet e incentivar o surgimento de opções ao atual monopólio americano e que estejam mais afinadas com os valores e as regulamentações europeias.

PLATAFORMAS ABERTAS PARA CIDADES

BANDA LARGA PARA TODOS EM NOVA YORK E EM SÃO FRANCISCO

Muitas cidades estão reivindicando melhorias nas estruturas regulatórias necessárias ao fornecimento de redes wi-fi públicas gratuitas e de alta qualidade e à subsequente expansão do serviço municipal de cobertura de conexões sem fio. Ao mesmo tempo, as cidades se veem na linha de frente da batalha por redes de telecomunicação abertas, gratuitas e neutras capazes de garantir conectividade aos muitos distritos e comunidades que ainda sofrem com a falta de infraestrutura. De acordo com a OCDE, os Estados Unidos ocupam a

---

19 Ver <ec.europa.eu/digital-single-market/en/caps-projects>.

---

20 Ver <ec.europa.eu/digital-single-market/en/next-generation-internet-initiative>.

décima quinta posição no ranking de conectividade de banda larga, atrás de países como Coreia do Sul e Canadá. Várias grandes cidades americanas estão liderando uma nova iniciativa de "banda larga para todos", marcada por uma expansão agressiva de redes nos casos de Nova York e de São Francisco. A expansão da infraestrutura de banda larga e o fornecimento de acesso barato para habitantes de baixa renda são essenciais para reduzir o abismo digital, o que por muitos é considerado uma questão de justiça social.

INSTALAÇÃO DE ESTRUTURAS DE REDE DE BAIXO PARA CIMA: O CASO GUIFI.NET

Enquanto redes comerciais de acesso tanto de companhias de telecomunicação quanto de governos locais tendem a seguir arquiteturas de rede e modelos operacionais bem conhecidos, redes IP abertas de propriedade comunitária estão surgindo como modelos de infraestruturas abertas e descentralizadas que, em conjunto, têm potencial para mostrar maior resiliência. Essas redes possuem plataformas de testes integradas para realizar pesquisas experimentais com a integração de três redes comunitárias já existentes: Guifi.net (Catalunha, na Espanha), FunkFeuer (Viena, na Áustria) e AWMN (Atenas, na Grécia). Elas são extremamente dinâmicas e diversificadas e combinam de maneira bem-sucedida diferentes tecnologias de conexão de fibra ótica e sem fios, além de se valerem de estratégias de roteamento estático e *ad hoc*. A iniciativa Guifi.net, provavelmente a mais notável, conseguiu estabelecer uma rede de telecomunicações comunitária gratuita, aberta, neutra e em grande parte sem fio que começou na Catalunha, em 2004, e conta com quase 20 mil pontos de conexão, a maior parte deles ligada à rede principal catalã.

PARTE 2

116–117

PLATAFORMAS URBANAS ABERTAS EM BARCELONA E EM LONDRES

Barcelona desenvolveu uma plataforma de dados horizontal chamada Cityos, uma plataforma urbana de padrões abertos para o gerenciamento e a análise de dados da cidade com ontologias abertas. A Cityos integra a plataforma aberta de sensoriamento Sentilo e as várias ferramentas analíticas da cidade. Sua arquitetura modular baseada em software de padrões e de código abertos permite a criação de uma grande comunidade de usuários e possibilita sua replicação em outras cidades.

A Sentilo é uma plataforma aberta para o gerenciamento de sensores e atuadores (Internet das Coisas) que permite o acesso aberto a dados e o aumento da interoperabilidade.[21] Ela é construída, usada e mantida por uma comunidade ativa e diversificada de cidades e companhias que acreditam que o uso de padrões abertos e de softwares livres é a primeira decisão *smart* que uma *smart city* deveria tomar. Para evitar soluções verticais, a Sentilo foi pensada como uma multiplataforma com o objetivo de compartilhar informações entre sistemas heterogêneos e de integrar com facilidade aplicativos legados.[22] Suas especificações e interfaces de programação facilitam a construção de módulos terceirizados, o que facilita sua adoção por cidades diversas.

---

21 Atuadores são componentes eletrônicos que produzem movimento em resposta a estímulos elétricos ou mecânicos. [N. T.]

22 Assim como os sistemas legados, os aplicativos legados são softwares antigos que continuam em operação. [N. T.]

Outros projetos construídos de baixo para cima que se valem de redes de sensoriamento para a democratização do acesso a dados e que engajam cidadãos incluem os projetos europeus Making Sense e Citizen Sense. Esses projetos mostram que, com o envolvimento dos cidadãos, mudanças coletivas nas práticas ambientais voltadas a comportamentos mais sustentáveis se tornam possíveis.

Esses projetos têm como base o Kit do Cidadão Smart, um kit de sensores desenvolvidos em Arduino que fornece ferramentas de redes de sensoriamento para cidadãos e permite a mensuração de níveis de poluição do ar e sonora ou de umidade nas proximidades de residências, escolas ou escritórios. O projeto foi originalmente desenvolvido pelo Fab Lab Barcelona, no Instituto para Arquitetura Avançada da Catalunha, e financiado coletivamente pelas plataformas de *crowdfunding* Goteo e Kickstarter. Com seu modelo de custo relativamente baixo, o Kit do Cidadão Smart se define como uma ponte entre cidadãos técnicos e não técnicos em busca da resolução não convencional de desafios ambientais, por meio de melhores técnicas de monitoramento. O Kit do Cidadão Smart tem em sua base dois componentes centrais: o "kit" em si e a plataforma usada para compartilhar dados entre as pessoas que o operam. O kit é uma placa eletrônica desenvolvida em Arduino equipada com sensores e uma antena sem fio. Algumas cidades, incluindo Manchester e Amsterdã, lançaram programas-piloto para incentivar seus cidadãos a monitorar dados ambientais em tempo real com o uso do Kit do Cidadão Smart.

Londres desenvolveu uma plataforma de compartilhamento de dados gratuita que permite a qualquer um acessar informações sobre a cidade (sobre economia, transporte, moradia e ambiente). Lançado em 2010, o Datastore de Londres disponibiliza para

PARTE 2

cidadãos, empresas, pesquisadores ou desenvolvedores mais de setecentos conjuntos de dados que ajudam a entender a cidade e a desenvolver soluções para seus problemas. A interface principal de seu site é o London Dashboard [Painel de Controle de Londres]. Descrito como uma janela com vista para os serviços públicos londrinos, ele exibe dados em blocos que representam a estatística desejada, acompanhada de uma seta para cima ou para baixo e colorida de verde ou de vermelho para indicar se as informações visualizadas são positivas ou negativas.

HELSINKI *SMART CITY* APP HACK

[O HACKEAMENTO DE APLICATIVOS
DE *SMART CITY* DE HELSINQUE]

A cidade de Helsinque, pioneira na abertura de seus repositórios de dados, já disponibilizou um expressivo número de conjunto de dados por meio do serviço Helsinki Region Infoshare [compartilhamento de informações da região de Helsinque]. Agora, a cidade busca encorajar programadores a desenvolver novos tipos de aplicativos, de representações gráficas e de ferramentas de controle que usem dados abertos e que sejam capazes de revelar, por exemplo, o que está acontecendo na cidade ou como ela está se desenvolvendo. Outro exemplo são os aplicativos para smartphones que ajudam turistas a encontrar lugares interessantes e eventos ou que permitem que os cidadãos participem de processos de tomada de decisões públicas. Por meio de sua plataforma – e em especial de sua interface de programação de aplicativos –, Helsinque incentiva a utilização dos conjuntos disponíveis de dados abertos de maneira diversificada e centrada no usuário. Como fonte de inspiração e de auxílio aos programadores, a cidade dá grande visibilidade a ideias, a conjuntos de dados e a representantes de setores da internet relacionados a cinco áreas temáticas da *smart city*.[23]

REDES ELÉTRICAS DE PROPRIEDADE DOS CIDADÃOS EM HAMBURGO E EM BERLIM

A remunicipalização de serviços e infraestruturas de rede cruciais é uma tendência crescente em muitas cidades. Alguns centros urbanos e regiões, da Alemanha à América Latina, estão tentando recuperar o controle sobre o fornecimento de água e de energia elétrica e o serviço de coleta e descarte de lixo, a fim de dar prioridade às necessidades dos cidadãos e aos interesses da comunidade em detrimento de objetivos comerciais privados. Uma inovação significativa nesse campo tem sido a expansão de novos regimes de propriedade em fundações ou entidades de interesse público e o surgimento de formas mais descentralizadas de propriedade coletiva – inclusive com uma grande preponderância de cooperativas cujas cotas são divididas entre autoridades locais, sindicatos e cidadãos.

Na Alemanha, presenciamos uma série de inaugurações de companhias municipais de interesse público tanto em grandes centros como Hamburgo e Berlim quanto em áreas rurais. Dois ótimos exemplos dessa tendência são os referendos sobre a propriedade pública participativa de infraestruturas de energia nas cidades alemãs de Hamburgo e Berlim, que se seguiram à diretiva governamental de redução em 40% de emissão de gases estufa até 2020 e em até 95% em 2050, em comparação com índices de 1990. Nesse

---

23 Ver Helsinki Smart City App Hack, <smartcityapphack.com>.

PARTE 2 | **120-121**

contexto, os criadores de políticas públicas optaram pela remunicipalização como um meio para alcançar políticas energéticas independentes de nível local, essenciais para a criação das condições necessárias para uma transição eficiente e bem-sucedida para o uso de energias renováveis e para a eficiência energética.

No referendo de 2013, os cidadãos de Hamburgo votaram pela remunicipalização total das redes de distribuição de energia da cidade – e, em fevereiro de 2014, a cidade de Hamburgo chegou a um acordo para comprá-las. A transição para o regime de propriedade pública foi concluída em abril de 2016, mantendo-se a integralidade do potencial de transmissão energética.

Apesar de o referendo de Berlim ter fracassado por causa do índice de abstenção, a campanha comuno-cêntrica, liderada pela coalizão Berliner Energietisch, gerou pressão suficiente para criar um operador e um fornecedor municipais de energia, que agora compete com a empresa sueca de carvão e de energia nuclear Vattenfall pela retomada da rede de distribuição elétrica. A campanha também resultou no surgimento da Bürger Energie, iniciativa capitaneada por cidadãos e lançada em 2015, no momento em que cooperativas de cidadãos decidiram participar dos processos de licitação para a contratação de operadores da rede municipal de energia, a fim de gerar maior conscientização sobre o papel dos cidadãos na economia e nas estruturas energéticas locais. Eles receberam 12 milhões de euros de investimento de cerca de 3 mil moradores com o objetivo de assumir o controle da rede elétrica e levá-la rumo à energia renovável, além de investir em projetos locais de sustentabilidade e de distribuir os lucros obtidos com outros cidadãos da cooperativa.

MODELOS COOPERATIVOS DE
FORNECIMENTO DE SERVIÇOS

Até agora, vimos pouco apoio sistemático de governos de qualquer nível a inovações que se valham das tecnologias digitais para enfrentar desafios sociais e democratizar acesso e controle. Apesar dessa falta de apoio, um movimento crescente de empreendimentos sociais e tecnológicos está enfrentando questões importantes que se relacionam à saúde pública, à democracia, ao consumo responsável, ao controle de gastos, à transparência e à educação. O desenvolvimento de infraestruturas digitais abertas (plataformas digitais abertas, redes de produção de conhecimento P2P,[24] tecnologias descentralizadas como *blockchains*, software e hardware livres etc.) pode criar as condições necessárias para incentivar esses embates e fortalecer ações coletivas que busquem mudanças sociais.

A economia sob demanda cresce a velocidades incríveis, e empresas como a Uber e o Airbnb atualmente têm o domínio do mercado global. O que deixa as pessoas desconfortáveis com essas companhias é sua estrutura de propriedade de dados e o impacto negativo que elas causam nos trabalhadores e em operadores locais. Hoje, muitas pessoas apoiam modelos econômicos e de governança alternativos – em especial os cooperativos – que transcendam o extrativismo de dados de monopólios de plataforma, como a Uber, e que se baseiem em cooperativas de plataforma distribuídas e de propriedade e gerenciamento de trabalhadores.[25]

---

24 P2P (do inglês *peer-to-peer*, ou par a par) é um formato de rede descentralizada em que cada usuário tem seu computador conectado desempenhando tanto a função de servidor como a de cliente, prescindindo de um servidor central. [N. T.]

25 Trebor Scholz, *Cooperativismo de plataforma*, trad. Rafael A. F. Zanatta. São Paulo: Fundação Rosa Luxemburgo / Editora Elefante / Autonomia Literária, 2016.

PARTE 2 122-123

Cooperativas de plataforma são organizações on-line que estão se expandido em diversas áreas, dos setores alimentício e de transportes aos de consumo, logística e prestação de serviços freelance P2P. Como são administradas de maneira democrática por seus membros, elas permitem que os trabalhadores troquem sua força de trabalho sem que haja a interferência de um intermediário, ao mesmo tempo que desenvolvem bens comuns digitais.

Muitas cidades apoiam tais projetos alternativos e encorajam o crescimento de inovações digitais sociais e de cooperativas de plataforma. Esses centros urbanos inserem as iniciativas no processo de contratação pública e facilitam seu acesso a financiamentos públicos, além de promoverem novos mecanismos de custeio, novas regulamentações e novas formas de privilegiar padrões abertos, softwares e hardwares livres, conectividade de baixo para cima, novos modos de produção (ateneus de fabricació, Fab Labs, espaços *maker*, produção em nuvem) e outras iniciativas de economia colaborativa.

Formas alternativas de propriedade pública e comum de plataformas ajudarão a criar uma economia mais democrática e que transcenda a lógica de sistemas privados de rede, orientados pelo mercado e por sua rentabilidade e que levam à apropriação de recursos comuns para ganhos privados. Alternativas de cooperação representam uma abordagem de prazo mais longo para a administração democrática de recursos públicos.

INOVAÇÃO COMUNOCÊNTRICA

As cidades devem levar em conta a possibilidade de apoiar programas para comunidades rizomáticas de inovadores e startups e de promover modelos cooperativos alternativos para a entrega de serviços. Para alinhar a capacidade tecnológica e de inovação com desafios sociais reais, as cidades precisam desenvolver sistemas de inovação voltados às necessidades públicas e custeados por investimentos de longo prazo em setores sociais essenciais, como saúde, educação, transporte e transição energética. Isso significa repensar a relação entre os setores público e privado para garantir que o primeiro possa direcionar a inovação e permitir que a sociedade colha os retornos de investimentos públicos em pesquisa e inovação – tornando públicos, assim, tanto os riscos quanto as recompensas.[26] O setor público tem um papel estratégico a desempenhar na indicação da direção a ser dada para a mudança, que poderá ser objeto de experimentos de soluções desenvolvidas de baixo para cima. A prioridade deve ser então a orquestração de ecossistemas de inovação como um todo por meio de políticas públicas fortes, capazes de garantir investimentos em educação e em pesquisa e que tenham metas ambiciosas – e que, assim, possam reverter a tendência atual de baixos índices de crescimento econômico, de baixo investimento e de baixa produtividade.

Um grande número de programas de apoio ao redor do mundo tem como foco a criação de impactos sociais profundos por meio de investimento em micro e pequenas empresas de inovação, em detrimento de corporações de tecnologia gigantescas, gerenciadas de cima para baixo e que causam impactos econômicos de larga escala. Bons instrumentos de trabalho podem sair do ambiente institucional, como as parcerias e os fundos de inovação ou as contratações públicas europeias instrumentais e de inovação que têm como objetivo ajudar empreendimentos de pequeno e médio porte. As cidades também deveriam

---

26 Mazzucato desenvolveu essa tese de maneira aprofundada, ver <marianamazzucato.com/entrepreneurial-state>.

criar novos instrumentos específicos para o empreendedorismo social e para alavancar a contratação pública de
inovação, os fundos de desenvolvimento regionais europeus e os fundos específicos de bancos de investimento
europeus. Essas medidas fariam com que micro e pequenas empresas e startups de inovação fossem menos
dependentes da volatilidade do capital financeiro e do
capital de risco, em geral interessados em uma "saída" rápida e rentável por meio de ofertas públicas de ações ou
de incorporações por companhias maiores e incapazes
de fornecer o tipo de financiamento paciente e de longo
prazo necessário para as inovações radicais.

PLATAFORMAS DE COOPERAÇÃO E COMPARTILHAMENTO DE SERVIÇOS

SHARING CITIES SEOUL INITIATIVE

[INICIATIVA DE COMPARTILHAMENTO DE CIDADES DE SEUL]

O governo metropolitano de Seul anunciou a iniciativa de compartilhamento de cidades em setembro de
2012, quando o então prefeito declarou sua intenção
de transformar Seul no primeiro centro urbano do
mundo a adotar o conceito de compartilhamento de
cidades e a desenvolver e implementar, com o uso de
recursos públicos e privados, muitos projetos que têm
o objetivo de ao mesmo tempo atacar problemas sociais e impulsionar o engajamento cívico. O governo
metropolitano de Seul designou 63 novos serviços de
compartilhamento como parte de um programa mais
amplo de inovação social com a meta ambiciosa de
criar oportunidades econômicas, de dar poder aos

cidadãos, de reduzir a produção de resíduos e de enfrentar problemas sociais e ambientais. Esses serviços vão de carros e estacionamentos compartilhados a compartilhamento de estantes de livros e casas, além de projetos de participação de cidadãos.[27]

LA'ZOOZ, A PLATAFORMA DE TRANSPORTE DE PROPRIEDADE COMUNITÁRIA

O projeto La'Zooz, originalmente inaugurado em Israel, tem como objetivo reinventar o compartilhamento de caronas em tempo real e de forma descentralizada. Ele se baseia em *blockchain*, uma tecnologia de registro distribuído que também é usada pela moeda virtual Bitcoin, mas introduz inovações técnicas interessantes para alcançar seus objetivos. O La'Zooz substitui o protocolo de prova de trabalho do Bitcoin, que exige grande poder computacional para gerar *tokens*, por um protocolo de "prova de movimento" capaz de gerar novos *tokens* chamados "zooz". Em linhas gerais, o usuário começa a ganhar *tokens* *zooz* – que também podem ser usados para pagar as viagens – assim que as corridas começam. O objetivo geral é fazer uma comunidade crescer e recompensar os usuários que mais contribuam para isso, sejam motoristas, codificadores ou financiadores. Em comparação com companhias como a Uber, esse sistema de recompensas destinadas à comunidade é o valor agregado introduzido pelo La'Zooz, que permite o empoderamento da comunidade por meio da tomada do controle do que é produzido.

---

27 Ver <english.seoul.go.kr/policy-information/key-policies/city-initiatives/1-sharing-city/>.

PARTE 2

CALIFORNIA APP-BASED DRIVERS ASSOCIATION

[ASSOCIAÇÃO DE MOTORISTAS DE
APLICATIVOS DA CALIFÓRNIA] – CADA

Além de plataformas cooperativas, são necessárias novas formas de organização coletiva de trabalhadores temporários inseridos na economia sob demanda. O crescimento da economia de compartilhamento tem até agora levado ao crescimento da precarização do trabalho e à erosão da estabilidade dos empregos, dos mecanismos de proteção social e das redes de assistência social que atendem os trabalhadores, como a saúde pública, a previdência social, os auxílios-maternidade e paternidade e assim por diante. Nos últimos anos, um número crescente de greves (contra o Deliveroo e a Uber, por exemplo) e de ações trabalhistas coletivas foi proposto por trabalhadores precarizados da economia informal, além do aumento de novas regulamentações e restrições governamentais. Plataformas sob demanda tratam seus empregados como prestadores independentes de serviços, e não como empregados protegidos por direitos trabalhistas. As empresas se valem desse artifício para transferir a maior parte dos custos para os trabalhadores, para diminuir seu poder coletivo de negociação e para implementar mecanismos intrusivos e baseados em dados de reputação e de ranqueamento, a fim de reduzir custos transacionais.

Um exemplo eficaz de organização coletiva na economia informal é a CADA, um modelo organizacional alternativo para motoristas de serviços de transporte que representa proprietários e motoristas de Uber, Lyft, Sidecar, Toro Ride, Opali, entre outros. A organização é administrada por um Conselho de Liderança eleito democraticamente e busca garantir que motoristas de aplicativos sejam representados de maneira conjunta e possuam os recursos necessários para realizar suas próprias ações na indústria crescente de plataformas de transporte.

FAIRBNB

Amsterdã

Fairbnb é uma resposta de cidadãos ao aumento dos aluguéis de curta duração de apartamentos em Amsterdã – o que tem causado incômodo em bairros da cidade e feito os preços dos imóveis, já inflacionados por si sós, começarem a subir. Apesar da nova regulamentação de Amsterdã para limitar o poder de plataformas de moradia e dos esforços para combater locadores ilegais, dar cumprimento a essas regras tem se mostrado bastante difícil em razão da recusa de companhias como o Airbnb em fornecer os dados de anfitriões que administram apartamentos ilegais. O Fairbnb pretende ser uma alternativa transparente e confiável de plataforma de compartilhamento com impacto positivo na cidade e em seus cidadãos e tem como princípio um modelo econômico justo, não extrativista e colaborativo.

PLATAFORMAS DE INOVAÇÃO SOCIAL DIGITAL PARA AÇÕES COLETIVAS

Como definido pelo projeto da União Europeia, inovação social digital (DSI) é um tipo de inovação colaborativa em que agentes de inovação, usuários e comunidades colaboram, em escalas inimagináveis antes do advento da internet, por meio do uso de tecnologias digitais para a cocriação de conhecimento e de soluções destinados a um amplo espectro de necessidades sociais.

PARTE 2

Uma iniciativa pan-europeia de larga escala voltada à expansão de projetos de inovação social digital foi lançada pela Comissão Europeia no contexto do programa Horizons 2020 de inovação e pesquisa, com um repasse de mais de 60 milhões de euros. A União Europeia identificou mais de 2 mil iniciativas e organizações que usam tecnologias abertas, colaborativas e éticas para enfrentar questões sociais e para criar valor comunitário. Tais iniciativas e organizações vão desde redes sociais destinadas a pessoas que lidam com condições crônicas de saúde, como a Cancer Research UK e sua plataforma de ciência cidadã Cell Slider, até plataformas on-line para a participação de cidadãos na elaboração de políticas como o projeto D-CENT, mas também as que usam dados abertos para gerar maior transparência sobre os gastos públicos, como a OpenCorporates, ou que fornecem acesso à internet para comunidades rurais. O projeto Tor, que promove comunicação anônima e direitos digitais a todos os cidadãos, ou o Arduino, que está fortalecendo os movimentos *maker* e de hardware aberto na Europa, são exemplos adicionais. Ecossistemas de inovação social estão sendo incentivados pelas cidades, em alguns casos com alocação de recursos específicos para ajudar essas iniciativas a crescer e se expandir.

CIDADES *MAKER* E REDES FAB CITY

Cidades de todo o mundo, como Barcelona, Milão, Berlim, Amsterdã, Detroit, Nova York e Shenzhen, estão se aproveitando da transformação digital e da nova revolução industrial baseada na robótica e na automação (Indústria 4.0) para implementar novas estratégias de produção urbana e de produção local sustentável. Também há centros urbanos desenvolvendo programas para "trazer a indústria de volta para a cidade" e encorajar o uso de fabricação digital com vistas a uma cidade circular.[28] Uma das iniciativas mais interessantes desse tipo é a Fab City, composta de dezesseis membros, doze cidades e regiões, entre as quais Amsterdã, Paris, Shenzhen, Detroit, Boston e Querala.

Em nível municipal, encontramos exemplos como o da Agência para o Desenvolvimento Econômico de Nova York e, mais especificamente, de seus programas para empreendedores.[29] Muito similares a isso são a Barcelona Activa, a agência local de emprego e de crescimento econômico para a região de Barcelona, a StartupAmsterdam, uma plataforma municipal e global para as cenas startup e tecnológica, e a Berliner Startup Agenda, um esforço colaborativo para melhorar as condições de companhias jovens de inovação com ênfase na Internet das Coisas e em mídia, tecnologias energéticas e saúde pública.

FINANCIAMENTO COLETIVO E PRÊMIOS PARA A INOVAÇÃO SOCIAL

Ferramentas de financiamento coletivo podem ajudar a engajar a comunidade na escolha dos melhores projetos a serem financiados como parte de seus programas de pesquisa e de desenvolvimento. O financiamento coletivo permite ao mesmo tempo que as pessoas apoiem ideias que considerem atraentes, façam

---

28 O modelo circular tem como objetivo acabar com ineficiências e garantir um uso mais eficiente dos recursos naturais, com a redução de resíduos e o aumento da vida útil dos produtos. [N. T.]

---

29 Ver <edc.nyc/business-programs>.

com que elas se tornem reais e colham os benefícios concedidos por novos produtos (sendo a reciprocidade um dos atributos do financiamento coletivo).

As pesquisas que a fundação de inovação britânica Nesta realiza sobre financiamentos coletivos previram desde 2014 o crescimento de modos alternativos de financiamento (incluindo empréstimos *peer-to-peer* para pessoas físicas e jurídicas, financiamentos coletivos baseados em participação societária, financiamentos de cooperativas pela aquisição de ações, financiamentos por fundos de pensão e negociações de *invoices*). As maiores plataformas de financiamento coletivo são a Kickstarter e a Indiegogo, ao lado das quais se encontram plataformas orientadas para obras de caridade, como a JustGiving, a Goteo, a Crowdfunder, a Spacehive e outras, que podem ser encontradas no diretório de plataformas colaborativas CrowdingIn. Dois exemplos particularmente interessantes de incentivo de modelos econômicos colaborativos alternativos em cidades são a plataforma espanhola Goteo e a plataforma de financiamento coletivo alemã Starnext.

Inaugurada em 2011, a Goteo surgiu de um esforço de investigação social financiado de modo coletivo. Em 2017, a plataforma já possuía mais de 90 mil usuários que coletivamente ganham cerca de 4 milhões de euros. O software usado para desenvolvê-la é de código aberto e foi lançado com uma licença *copyleft*, o que significa que seus dados são abertos e podem ser livremente acessados. Além disso, todos os projetos são obrigados a definir com clareza suas responsabilidades sociais. A Starnext foi fundada em 2010 para ajudar agentes de inovação, empreendedores sociais e *makers* a divulgar suas ideias, atrair apoiadores e angariar recursos. Ela é uma das maiores comunidades de financiamento coletivo para projetos criativos e para startups em países germanófonos e tem foco bem definido em projetos de sustentabilidade e de bem-estar público. A plataforma conta com mais de 835 mil usuários e com mais de 5 mil projetos financiados com sucesso.

Existem outros instrumentos eficazes de financiamento, como prêmios, desafios e competições, que também deveriam ser incluídos como novos mecanismos de financiamento disponíveis para que as cidades incentivem a inovação social. A Nesta Centre for Challenge Prizes [Centro Nesta para Prêmios de Desafios] já concedeu recompensas em todas as áreas, de energia e resíduos a dados e educação, e encoraja a inovação por meio de desafios. A Nesta organiza o Longitude Prize [Prêmio Longitude], no qual o público escolhe qual de seis grandes desafios globais merece receber a atenção de seu fundo de prêmios de 10 milhões de libras. Outros desafios bem-sucedidos incluem a Open Data Challenges Series [Série de Desafios de Dados Abertos], realizada em colaboração com o Open Data Institute [Instituto de Dados Abertos] com o objetivo de atrair desenvolvedores e empreendedores sociais, além de desenvolver soluções de inovação para desafios sociais com o uso de dados abertos; a European Social Innovation Competition [Competição de Inovação Social Europeia], lançada pela Comissão Europeia para encorajar inovações sociais por toda a Europa, como no caso das novas soluções para a redução do desemprego e das mudanças climáticas; e o Inclusive Technology Prize [Prêmio de Tecnologia Inclusiva], que busca encorajar a inovação voltada à inclusão social.

Muitos outros exemplos vêm da iniciativa privada. A Impact Hub Network [Rede Hub de Impacto], por exemplo, consiste em uma rede de várias cidades ao redor do mundo que conecta pessoas criativas, freelancers e empreendedores e lhes concede acesso compartilhado a recursos que permitam a continuidade do desenvolvimento de suas ideias e projetos. O movimento dos coworkings, organizado ao redor do Manifesto Coworking, assinado por mais de 17 mil ambientes compartilhados de trabalho, cresceu de maneira significativa nos últimos anos e consolidou seus valores, compartilhados todos os anos na Global Coworking Unconference Conference [Desconferência global de coworking].

Por fim, existem programas como a Startup Europe Partnership [Parceria startup Europa] que são desenvolvidos especificamente na Europa para fortalecer as startups do continente estabelecendo parcerias de facilitação entre startups e corporações ou entre startups e órgãos de administração pública por meio de contratações de inovação e da apresentação de desafios. O programa STIR (Startup in Residence), lançado pelo Gabinete de Inovação Física da cidade de São Francisco e logo adotado por outras cidades nos Estados Unidos e na Europa, conecta agências governamentais e startups a fim de desenvolver tecnologias e produtos que enfrentem problemas sociais. O programa permite que startups conheçam em maior profundidade as necessidades do governo e busca eliminar obstáculos à interação de pequenas empresas e empreendedores de pequeno porte com governos locais.

REPENSANDO PROJETOS DE BEM-ESTAR E SISTEMAS MONETÁRIOS COMPLEMENTARES LOCAIS

Os aprimoramentos tecnológicos e o desenvolvimento de novos modelos de negócios com base em plataformas, dados, inteligência artificial e automação extrema estão criando novos postos de trabalho e tornando funções mais antigas obsoletas. Para lidar com essa transição gigantesca, tanto governos como companhias de tecnologia estão repensando sistemas de emprego e de previdência social e defendendo a criação de mecanismos de renda básica como uma solução possível para o desemprego e para a crise da previdência social. Ainda que a tecnologia esteja fornecendo processos e produtos mais rápidos, melhores e mais baratos, avanços nas ciências da vida, em inteligência artificial, em Big Data etc., também é possível observar um aumento nas desigualdades em distribuição de renda, riqueza e poder político.

Para companhias Big Tech, mecanismos de renda básica são ferramentas para a proteção de pessoas que, segundo se estima, perderão seus empregos em função da globalização, das mudanças tecnológicas e do enxugamento e da maior eficiência das máquinas estatais. Algumas propostas de renda básica se concentram em transferências de dinheiro – uma renda universal básica que funcionaria como a rede de proteção social definitiva. Outras abordagens argumentam a favor de um modelo que considera a renda básica dividendo pago pelo aperfeiçoamento da produtividade pelo uso de robôs – o que deve reverter em favor da sociedade que, até agora, foi responsável pela produção coletiva de riquezas. De acordo com esse ponto de vista, a renda básica será muito importante para a estabilização da sociedade em um sistema de produção de valor e de criação de riquezas que se torna cada vez mais coletivo e social, enquanto os lucros resultantes desse mesmo sistema se tornam cada vez mais privados.[30]

Muitos experimentos de políticas públicas oficiais têm sido realizados no Canadá, na Finlândia e nos Países Baixos – e, na Suíça, um referendo nacional sobre renda

---

30 Ver <www.opendemocracy.net/en/can-europe-make-it/robot-economy-full-automation-work-future/>.

básica universal chegou a ser realizado. O Google.org é um dos financiadores de um experimento que consiste na realização de um estudo randomizado em que 6 mil quenianos receberão uma renda básica por uma década, enquanto a Y Combinator – uma das mais influentes incubadoras tecnológicas do Vale do Silício – patrocina um projeto de pesquisa sobre renda básica com um programa-piloto em Oakland.

Novos experimentos de renda básica estão em funcionamento em cidades ao redor do mundo, de Oakland a Utrecht e Livorno, e combinam projetos de renda básica com mecanismos de bem-estar e com moedas municipais complementares. Para enfrentar a atual crise econômica, as cidades também podem encorajar o desenvolvimento de um ecossistema de moedas em nível municipal. Moedas locais podem criar redes descentralizadas de fornecimento mútuo de serviços e mercadorias baseado em relações de confiança reforçadas e fortalecidas por um vínculo gerado pelo "pagamento" por serviços tanto públicos (por exemplo, taxas pagas em moedas locais) quanto privados (lojas locais, PMES etc.) e iniciativas de inovação social (compartilhamento de carros, agricultura apoiada pela comunidade, cooperativas locais de energia e assim por diante).

Uma cidade sustentável do século XXI só poderá prosperar se for capaz de encarar suas necessidades (econômicas, sociais, de infraestrutura, educacionais e culturais) com o objetivo de diversificar a economia local pela utilização de ecossistemas de moedas próprias planejadas para necessidades, capacidades e interações diferentes (*business-to-business*, comunidade e moedas sociais).

PROGRAMAS-PILOTO DE RENDA BÁSICA E DE MOEDAS DIGITAIS

Y COMBINATOR EM OAKLAND

Uma das incubadoras de *startups* mais bem-sucedidas do Vale do Silício, a Y Combinator lançou seu experimento de renda básica na cidade de Oakland em 2016, direcionado a cerca de cem residentes, a quem foi assegurado o recebimento incondicional de um rendimento mínimo ao longo de um período que vai de seis a doze meses. Um dos principais objetivos do programa é incentivar a liberdade, analisar as oportunidades que podem surgir para as pessoas caso haja garantia de segurança financeira e aferir como sua felicidade é afetada por sua participação no projeto. Oakland foi escolhida para esse estudo de curto prazo em razão de sua grande diversidade econômica e social e por ter índices consideráveis de desigualdade. Caso esse projeto se mostre bem-sucedido, ele será seguido de um estudo de duração estimada de cinco anos.

EXPERIMENTOS MUNICIPAIS DE RENDA BÁSICA EM UTRECHT, LIVORNO E GLASGOW

A cidade de Utrecht desenvolveu um projeto de renda básica municipal para testar um programa de assistência social, com novos critérios para que os solicitantes tenham acesso ao pagamento de benefícios. O experimento foi lançado em dezembro de 2017 e tem previsão de dois anos de duração.

Em 2016, muitos municípios dos Países Baixos deram início a projetos de transferência não condicionada de dinheiro para revitalizar programas de assistência social originalmente vinculados a relações de trabalho. As cidades holandesas de Groningen, Tilburg e Wageningen também apresentaram esboços

PARTE 2 136-137

que estão sendo revisados pelo Ministério de Questões Sociais. Todos os programas são elaborados como estudos randomizados controlados, em que cidadãos são escolhidos aleatoriamente para testar novas regras e novos tipos de inovação de bem-estar social a partir de um conjunto de postulantes de benefícios assistenciais.

Nesse mesmo ano, a Itália também lançou uma experiência de renda básica municipal na cidade toscana de Livorno. O projeto consiste em oferecer quinhentos euros ao longo de seis meses a cem famílias ameaçadas pela pobreza, a fim de cobrir despesas com necessidades básicas, como alimentação e parte de seus aluguéis. Em 2017, seu alcance foi estendido para mais cem famílias. O projeto inspirou outras cidades italianas como Nápoles, que agora estão trabalhando em experiências similares.

Na Escócia, Glasgow lançou um projeto destinado a desenvolver e implementar um programa-piloto de renda básica em parceria com a Royal Society of Arts [Sociedade Real para as Artes]. Uma série de workshops foram conduzidos entre junho e setembro de 2017 para avaliar a possibilidade de implementação desse programa-piloto, e um relatório sobre a viabilidade do projeto de renda básica municipal foi publicado.[31]

MOEDAS DIGITAIS MUNICIPAIS COMPLEMENTARES

Para enfrentar os efeitos da atual crise econômica e financeira e da evidente falta de resiliência dos centros

31 Ver <www.thersa.org/globalassets/pdfs/rsa-a-basic-income-for-scotland.pdf>.

urbanos, muitas cidades estão tentando reduzir sua dependência do setor financeiro tradicional por meio do fortalecimento de circuitos monetários complementares. O sistema WIR na Suíça existe desde 1934 e foi o primeiro a ser implementado. A partir dos anos 2000, várias cidades e regiões da Europa, como Bristol, Nantes, Sardenha e Catalunha, introduziram moedas locais complementares para serem usadas em paralelo a formas monetárias tradicionais, a fim de fortalecer a economia local por meio do aumento do "efeito multiplicador" do dinheiro. Com base em dados empíricos de projetos-piloto, moedas complementares se mostraram capazes de facilitar transações *business-to-business* ao conectarem recursos ociosos a demandas não atendidas e ao encorajar o crescimento de um ecossistema econômico local mais diversificado e resiliente.

Moedas complementares podem possuir diferentes atributos e ser planejadas para trabalhar a favor de pessoas e do planeta, em vez de servirem à acumulação e ao lucro. A febre recente de moedas complementares está ligada às novas ferramentas digitais, à medida que redes digitais móveis seguras como o *blockchain* dão base a criptomoedas como o Bitcoin e possibilitam, como nunca havia sido possível, a inovação de serviços financeiros. Alguns exemplos mais bem sucedidos de circuitos de moedas complementares planejados para funcionar em níveis municipal e regional são a moeda virtual Bitcoin, os sistemas de crédito mútuo como o Sardex, na Sardenha, e o C3, no Uruguai, e as moedas comunitárias.

O projeto europeu Digipay4Growth criou uma estrutura geral para moedas complementares que pode ser implementada por toda a Europa como política de desenvolvimento econômico local. O projeto, que oferece apoio a programas-piloto de algumas cidades, se baseia na ideia de "crédito de trocas sociais" – uma solução direcionada ao fornecimento de crédito anti-cíclico para pequenas e médias empresas em tempos de crise econômica. Créditos de troca social podem superar as barreiras de acesso ao crédito impostas a essas empresas e ajudar a evitar os altos juros do crédito tradicional que ameaçam a sobrevivência de muitos negócios menores. Essa medida pode levar a uma atividade econômica mais sustentável, a mais rendimentos para os negócios e, em última análise, a mais empregos na cidade ou na região.

Criptomoedas baseadas em registros descentralizados ou em *blockchain*, como o Bitcoin, estão se espalhando rapidamente. Moedas digitais viabilizadas por *blockchain* estão sendo acolhidas por cidades como São Francisco, Amsterdã, Vancouver, Nova York e Londres, que oferecem redes de caixas eletrônicos de bitcoin e investem em *startups* de Bitcoin e de *blockchain*.

Sistemas de compensação mútua de crédito, como as plataformas de intercâmbio comercial Sardex ou c3, disponibilizam crédito livre de juros para redes de micro e pequenas empresas e negociam transações comerciais entre si com o uso de sistemas compartilhados de pagamento on-line.

Outro exemplo de moedas comunitárias de sucesso é a Torekes, lançada em Gante, na Bélgica, projetada para recompensar contribuições civis e implementada em bairros desfavorecidos para incentivar comportamentos positivos e mutualísticos, além de aumentar a resiliência da comunidade.

A criação de novas habilidades para servir às necessidades locais é facilitada pela introdução de "moedas complementares", que estimulam a interação, as trocas e a produção

locais. Essas interações e transações acontecem entre pequenas e médias empresas (moedas *business-to-business*), organizações de cidadãos (moedas comunitárias) e entre cidadãos e a própria cidade (moedas cívicas e municipais).

Projetos de moedas complementares são pensados de modo participativo e democrático, mudam contextos, criam novas oportunidades e são constantemente revisados para serem ajustados a novas necessidades e possibilidades. As regras do jogo podem ser pensadas de modo que envolvam cidadãos, negócios e outros grupos sociais de forma ativa. Esses mecanismos nutrem a esfera coletiva (os bens comuns, as iniciativas cocriativas) em resposta às necessidades e aos desejos locais e desenvolvem e estimulam o trabalho de modo colaborativo e voltado ao bem-estar da comunidade.

DEMOCRACIA DIGITAL E NOVOS DIREITOS

Ferramentas digitais de participação e engajamento desenham um novo cenário para a inovação democrática, com muitas cidades dispostas a pesquisar e a desenvolver novos modelos organizacionais que envolvam os cidadãos no processo de elaboração de políticas e que, no processo, inovem procedimentos e mecanismos de participação na própria cidade. Estamos testemunhando o surgimento de novos modelos híbridos que combinam democracia representativa e direta com interações on e off-line, misturando formatos novos e antigos. Esses modelos híbridos vão da ascensão de novos partidos ligados às redes, como o Podemos, na Espanha, e o Movimento Cinco Estrelas (M5S), na Itália, além de coalizões que, lideradas por cidadãos, se valem de instrumentos de democracia direta capazes de gerir cidades grandes como Madri e Barcelona e de iniciativas de orçamento participativo de larga escala ao redor do mundo.

A sociedade digital deve ser construída em conjunto com seus cidadãos. Barcelona, por exemplo, encoraja o uso da tecnologia como instrumento facilitador para uma democracia ativa. Isso significa o desenvolvimento de novos modelos de engajamento em ambientes virtuais (abertos, seguros e gratuitos) para uma nova forma de elaboração inclusiva e participativa de políticas públicas. Para isso, as cidades estão desenvolvendo ferramentas para colaboração, cooperação e participação interna de larga escala em suas prefeituras. Essas novas ferramentas e esses novos métodos podem ter grande repercussão entre as novas gerações de nativos digitais que perderam a confiança nos sistemas políticos tradicionais e nas instituições vigentes, que já não parecem capazes de oferecer visões de futuro verossímeis. Movimentos jovens no mundo todo encontram inspiração nas características de redes digitais elaboradas de baixo para cima e exigem novas práticas responsáveis e o fim da corrupção institucional. Essa circunstância deixa um vácuo disponível para políticas do século XXI capazes de alcançar grupos etários muito mais jovens.

As cidades estão se reunindo em encontros como o Democratic Cities [Cidades Democráticas], iniciado pelo projeto D-CENT, para enfrentarem questões fundamentais sobre o desenvolvimento de novas instituições democráticas mais bem equipadas para a democracia de próxima geração – aberta, experimental e capaz de lidar com a inteligência coletiva dos cidadãos.

Um debate entre governos está surgindo a respeito do uso de tecnologias na cidade para o fortalecimento da soberania tecnológica tanto do poder público quanto dos cidadãos. Em casos como o de Barcelona, agentes econômicos e sociais, universidades e cidadãos em geral podem propor medidas relacionadas à estratégia tecnológica da cidade, ao incentivo à criação de espaços abertos para discussão e à ativação de grupos de trabalho e de conferências sobre a relação entre tecnologia, democracia e soberania.

Ao colocar os cidadãos no centro desse projeto, as cidades também esperam aumentar sua soberania digital e garantir que seus habitantes possam exercer integralmente sua liberdade e seus direitos digitais, inclusive quanto à proteção de dados, à privacidade e à autodeterminação informativa. Promover a conscientização sobre novos direitos e liberdades que podem ser considerados parte da sociedade da informação é um grande desafio das cidades de hoje. A liberdade para acessar, compartilhar e possuir conhecimentos públicos deve ser reconhecida em uma sociedade da informação.

PLATAFORMAS PARTICIPATIVAS ON-LINE DE LARGA ESCALA: DECIDE MADRID E DECIDIM BARCELONA

DECIDE MADRID

Decide Madrid é uma plataforma de consulta aberta e de democracia direta lançada pela cidade de Madri após as eleições municipais de 2015, permitindo aos cidadãos propor, debater, priorizar e implementar políticas urbanas. Construída a partir de um software de código aberto lançado em setembro de 2015 chamado Consul, ela é de fácil replicação por outros governos e organizações.

A Decide Madrid foi concebida como um mecanismo opinativo de baixo para cima em que qualquer pessoa pode apresentar propostas e debater, mas no qual apenas residentes de Madri possuem votos vinculantes. Ao lado de um fórum de deliberações integrado à ferramenta opinativa, foi incluída uma ferramenta de orçamento participativo que, até o momento, já levou ao investimento de milhões de euros em propostas apresentadas por cidadãos.

Em 2016, a cidade experimentou suas primeiras rodadas de orçamento participativo e alocou 60 milhões de euros para propostas apresentadas de baixo para cima por cidadãos. Mais de 5 mil propostas foram feitas, algumas de autoria de indivíduos e outras elaboradas a partir de encontros presenciais colaborativos realizados em todos os distritos. O processo foi planejado de modo similar ao programa islandês Betri Reykjavík [Reykjavik melhor]: as pessoas são obrigadas a cumprir um piso orçamentário, a partir do qual podem acrescentar propostas até atingir um valor máximo predeterminado.

DECIDIM.BARCELONA

Decidim Barcelona é a principal plataforma participativa da cidade de Barcelona. Por meio dessa plataforma democrática, Barcelona está realizando experimentos de larga escala com novos métodos voltados à participação democrática genuína. A Decidim foi desenvolvida com softwares de código aberto e arquitetura modular baseada em padrões abertos, o que permite que o Conselho da Cidade possa implementar processos participativos de grande alcance a respeito de políticas urbanas. Além disso, a plataforma permite que organizações municipais tenham seus próprios processos participativos autônomos, como projetos de orçamento aberto e de cocriação de políticas públicas. A Decidim Barcelona tem 27 mil usuários registrados, que já apresentaram mais de 11 700 propostas, com onze processos participativos funcionando em paralelo.

Um dos melhores casos de uso relativos à participação popular em Barcelona tem sido o processo participativo de planejamento urbano. Nele, a cidade envolve grupos de bairros e cidadãos no processo de planejamento por meio de assembleias off-line de cidadãos e da plataforma on-line Decidim. Em conjunto com os habitantes, a cidade esboçou um ambicioso projeto de mobilidade urbana voltado ao combate da poluição excessiva do ar, à diminuição dos níveis de barulho e à redução do tráfego em 21%. Esse projeto se baseia na ideia de superquarteirões – minibairros em torno dos quais o trânsito fluirá e em que os espaços serão transformados em áreas verdes para os cidadãos, liberando até 60% das ruas atualmente usadas por carros. O projeto de Barcelona consiste na criação desses superquarteirões por meio de intervenções graduais destinadas à transformação da infraestrutura existente, com medidas como alteração do gerenciamento de tráfego, mudanças de sinalização de trânsito, criação de redes ortogonais de ônibus e introdução de trezentos quilômetros de novas ciclofaixas destinadas a aumentar a mobilidade, seja a pé, de bicicleta ou pelo transporte público. O uso de redes de sensores, da sinalização digital e da análise de Big Data ajudará a melhor definir e prever políticas públicas de mobilidade, assim como a medir o impacto público delas.

ORÇAMENTOS PARTICIPATIVOS EM PARIS E EM PORTO ALEGRE

Conselhos municipais estão experimentando ao redor do mundo iniciativas de orçamento participativo a fim de aumentar o engajamento dos habitantes no processo de alocação de finanças públicas. Para que os orçamentos participativos funcionem efetivamente, eles devem inaugurar novos espaços democráticos. Para isso, seus processos devem seguir uma metodologia robusta e efetiva para envolver muitos cidadãos e vincular os orçamentos participativos às políticas públicas, garantindo que sejam complementados por investimentos públicos em serviços públicos essenciais.

PARTE 2 | **144–145**

Os orçamentos participativos começaram em 1989, em Porto Alegre. Trata-se de um processo que, por meio de debates coletivos e de votações, permite aos cidadãos apresentar suas propostas e prioridades para lidar com os desafios sociais e influenciar o governo municipal na alocação de recursos. Orçamentos participativos levaram a tomada de decisões melhores e mais eficientes com relação a novos projetos voltados ao bem-estar dos habitantes de Porto Alegre e alcançam níveis de participação de 40 mil cidadãos por ano. Novos projetos para a melhoria das condições das infraestruturas de saneamento básico e de fornecimento de água foram concluídos, e a participação de grupos de baixa renda no processo representou um claro sinal de empoderamento social. Desde então, o sucesso da participação popular na determinação do uso de investimento público no bem-estar da população de Porto Alegre tem inspirado mais de 140 municípios brasileiros a adotar orçamentos participativos.

Ao longo dos anos, os recursos alocados por meio de orçamentos participativos vêm crescendo, à medida que a prática se espalha para além do Brasil. Orçamentos participativos também foram implementados com sucesso em países como a Estônia e a Islândia, assim como em cidades como Nova York e Paris.

Um orçamento participativo foi lançado em Paris em 2014 para mobilizar agentes públicos, profissionais e cidadãos no processo de estabelecimento de prioridades para a realização de ações e projetos específicos. Até 2020, moradores decidirão como gastar 426 milhões de euros – o que consiste em mais de 5% do orçamento total da cidade de Paris. Com o uso de uma plataforma on-line e de estações de votação para alcançar o maior número possível de pessoas, essa iniciativa representa um enorme experimento democrático para a cidade. Três mil e duzentos projetos foram encaminhados em 2016, dos quais 624 foram selecionados com foco especial em áreas desfavorecidas e carentes de inclusão social e territorial. Mais de 160 mil pessoas votaram na rodada de 2017 e decidiram como alocar 100 milhões de euros.

PLATAFORMAS PARTICIPATIVAS CONDUZIDAS POR INTELIGÊNCIA ARTIFICIAL, REYKJAVIK

O software de código aberto de e-democracia da Fundação Cidadão Your Priorities [Suas Prioridades] foi criado em 2009 e, desde então, foi usado por mais de 600 mil pessoas, empoderando comunidades e permitindo que as propostas de centenas de cidadãos se tornassem realidade. Projetos bem-sucedidos incluem os programas de orçamento e democracia participativos Betri Reykjavík [Reykjavik melhor], na capital da Islândia, e Rahvakogu [Assembleia do Povo], na Estônia, que contribuiu para tornar o ambiente legal do país mais aberto e participativo. O Betri Reykjavík foi um dos três programas-piloto conduzidos pelo projeto europeu voltado à democracia direta D-CENT e tem sido usado em muitos países, entre os quais Reino Unido, Grécia, Bulgária, Eslovênia, Croácia e Austrália.

Mais recentemente, a cidade de Reykjavik lançou um novo serviço para, por meio de inteligência artificial e de realidade virtual, fortalecer a participação popular. O serviço, denominado Active Citizen [Cidadão Ativo], está integrado ao Your Priorities e usa novas interfaces de realidade aumentada em conjunto com reuniões on e off-line para unir as forças dos cidadãos. Essa abordagem aumenta a participação de baixo para cima da população e ajuda as pessoas a tomar decisões mais bem informadas em menos tempo e com menos esforço.

A liberdade de expressão deveria consistir não apenas na rejeição de todas as formas de censura, mas também no reconhecimento do direito ao anonimato e à liberdade total para "procurar, receber e transmitir informações e ideias" (como determina o artigo XIX da Declaração Universal dos Direito Humanos).

A proteção de dados pessoais deve ser entendida como um direito fundamental autônomo que ultrapassa o direito tradicional à privacidade – um componente essencial da liberdade contemporânea – para, assim, possibilitar que sejam evitadas sociedades fundadas no controle, na vigilância, na classificação e na seleção social. Padrões de ética e princípios legais devem convergir para a estruturação das garantias necessárias a impedir a consolidação de formas altamente perigosas de controle social, político ou institucional.

03

CRIANDO ALIANÇAS PARA ALÉM DO CAPITALISMO DIGITAL PREDATÓRIO

Uma batalha efetiva contra a pauta das *smart cities* – ou pelo menos a de sua variante pseudodemocrática e neo-liberal – exige alianças inteligentes e progressistas entre cidades, movimentos e organizações políticas. Será necessária a adoção de uma abordagem das políticas tecnológicas de longo prazo que tenha essa missão em seu horizonte e envolva investimentos públicos ambiciosos em sistemas futuros de infraestruturas de movimentação intensa de dados e em sistemas de bem-estar destinados a promover o bem comum.

Cidades e governos ainda têm que compreender que os dados são o ponto central da maior parte das relações de hoje. Como mostramos, um regime de dados alternativo e robusto poderia colocar as cidades no controle de infraestruturas urbanas cruciais e do fornecimento de serviços públicos com base em dados. Um debate público que emergiu – e que pode se tornar cada vez mais visível – trata plataformas digitais como multiutilidades, nas quais dados e camadas de informação estão integrados nas infraestruturas urbanas e permeiam todos os outros tipos de serviços verticais, como o transporte, a energia, a construção, a saúde, a educação e muitos outros. Essa discussão está mudando rapidamente a forma como serviços públicos e infraestruturas são financiados, administrados e fornecidos e afeta a sustentabilidade de seus modelos econômicos de longo prazo. Dados, identidade e reputação são infraestruturas essenciais da economia de plataforma que devem ser mais uma vez reivindicadas pelos cidadãos.

As grandes corporações do Vale do Silício funcionam com base em um modelo que transforma dados em uma nova categoria de ativos – uma *commodity* a ser vendida e negociada em mercados financeiros, com novos regimes de propriedade surgindo para garantir a continuidade da mercantilização dos dados. Apenas algumas corporações sediadas nos Estados Unidos (a GAFA – Google, Apple, Facebook e Amazon) têm capacidade para agregar, minerar e analisar enormes quantidades de dados e para dar andamento a projetos sofisticados de máquinas de aprendizado e a modelos preditivos direcionados à exploração de tecnologias de inteligência artificial voltadas à personalização e à agregação de valor a serviços – um modelo descrito com muita precisão como "capitalismo de vigilância".

Nesse contexto, as cidades devem ter o direito de ser donas de seus próprios dados, de controlar infraestruturas cruciais (software, hardware e centros de dados) e de desenvolver suas próprias inteligências artificiais e máquinas com capacidade de aprendizado. Tais passos permitirão que elas sigam em direção à soberania tecnológica. Essa transformação digital, por sua vez, determinará o futuro da economia e dos serviços urbanos: dos carros autônomos à aprendizagem profunda, do atendimento personalizado no setor de saúde às plataformas de turismo sob demanda e às redes elétricas inteligentes.

O desafio é passar do capitalismo de vigilância para um sistema capaz de compartilhar dados e de experimentar novas formas de cooperação e de inovação social voltadas a repensar modelos economicamente sustentáveis e de bem-estar futuro. Essa transição poderia começar pela implantação contínua de projetos-piloto de pequena escala e de experimentações e então se expandir para a cidade como um todo, com projetos que de fato beneficiem os residentes – e descartando aqueles que não o façam. Áreas adequadas para esses experimentos incluem os serviços organizados com base em dados públicos e as iniciativas de renda básica, moedas complementares e remunicipalização de infraestruturas distribuídas de energia ou de água.

As cidades não serão bem-sucedidas se permanecerem isoladas: elas precisam construir redes e alianças solidárias entre si e com movimentos, partidos políticos progressistas e governos para garantir que todos os dados produzidos por plataformas, dispositivos, sensores e softwares não sejam trancafiados em silos corporativos, mas, antes, que sejam disponibilizados para usos públicos e socialmente orientados. As cidades devem, por exemplo, poder operar elas mesmas infraestruturas de dados públicos distribuídos, com sistemas que respeitem intrinsecamente a proteção de dados, a privacidade e a soberania de seus cidadãos. Elas devem, então, convidar companhias locais, cooperativas, organizações da sociedade civil e empreendedores de tecnologia para oferecer serviços de inovação desenvolvidos a partir dessas infraestruturas e que funcionem com base em princípios de solidariedade e respeito pelos direitos dos trabalhadores e pelos padrões ambientais, de gênero e trabalhistas.

O atual paradigma predatório não é a única opção. Este livro mostra como cidades estão promovendo intervenções pragmáticas e certeiras que apoiam a transformação moldada pela tecnologia, com a melhora de nossa sociedade e o aprimoramento do bem-estar em benefício da coletividade. Formas alternativas de propriedade pública e comunitária para plataformas e serviços algorítmicos baseadas em dados ajudarão a criar uma economia mais

democrática e cooperativa, com novos direitos para trabalhadores e cidadãos e com a transcendência da lógica do
curto prazo, da especulação e da extração de rentabilidade.

SOBRE OS AUTORES

EVGENY MOROZOV

Nasceu em Soligorsk, Bielorrússia, em 1984. Estudou de 2001 a 2004 na American University in Bulgaria, obtendo um BA em economia e administração de empresas.

Viveu alguns anos em Berlim como *fellow* da American Academy. Mudou-se para os Estados Unidos, onde foi professor visitante da Universidade Stanford, *fellow* da New American Foundation e da Georgetown University e colaborador e editor da revista *Foreign Policy*, da qual foi autor do blog Net Effect. Em 2018 obteve o PhD em História da Ciência na Universidade Harvard.

Publicou *Big Tech: a ascensão dos dados e a morte da política* (Ubu Editora, 2018), *To Save Everything, Click Here: The Folly of Technological Solutionism* [Para salvar tudo, clique aqui: a loucura do solucionismo tecnológico] (PublicAffairs, 2013) e *The Net Delusion: The Dark Side of Internet Freedom and To Save Everything* [A desilusão da rede: o lado negro da liberdade da internet e para salvar tudo] (PublicAffairs, 2011), livros de referência para a reflexão sobre internet e seus efeitos. Além da publicação acadêmica, Morozov é um atuante colaborador da grande mídia, com textos publicados em veículos como *The New York Times*, *The Economist*, *The Wall Street Journal*, *Financial Times*, *London Review of Books*, *The Guardian* e *Times Literary Supplement*. Mantém uma coluna mensal no *Observer* (*The Guardian*), republicada em jornais internacionais como *El País*, *Internazionale* e *Süddeutsche Zeitung*. Em 2018 foi nomeado um dos 28 europeus mais influentes pela revista *Politico*, uma organização global apartidária de notícias políticas.

Em 2019 lançou o Syllabus, projeto de pesquisa, seleção e divulgação de conteúdo independente.

FRANCESCA BRIA

Nasceu em Roma, Itália, em 1977. Formada em Ciências Sociais e Econômicas na Sapienza Università di Roma, Francesca é mestre em Economia Digital pela Universidade de Londres, Birkbeck (2009), e PhD em Inovação e Empreendedorismo pelo Imperial College de Londres (2012).

Como líder de projetos da agência britânica de inovação Nesta, conduziu a D-CENT de 2013 a 2016, a maior iniciativa em democracia digital e em moedas digitais da União Europeia. Desde 2012 lidera o projeto DSI de inovação social digital na Europa e, desde 2017, está à frente do projeto DECODE em defesa da soberania sobre dados na Europa. É conselheira na Comissão Europeia sobre políticas de Internet do Futuro e Inovação, além de Comissária de Tecnologia e Inovação Digital na Cidade de Barcelona, na Espanha. Francesca dá aula em universidades no Reino Unido e na Itália e vem auxiliando governos, organizações públicas e privadas e movimentos ligados às políticas de tecnologia e seus impactos socioeconômicos. Seu trabalho se volta a uma das questões-chave de nosso tempo: como podemos devolver às pessoas a propriedade sobre dados?

Francesca foi citada na edição de 2018 da revista *Forbes* como uma das cinquenta mulheres mais importantes em Tecnologia e na seleção das vinte pessoas mais influentes em governos digitais elaborada pela plataforma Apolitical. Também constou na lista das cem mulheres que estão mudando o mundo na edição de agosto de 2018 da revista italiana *Repubblica D*.

Esta publicação foi realizada com o apoio da Fundação Rosa Luxemburgo e fundos do Ministério Federal para a Cooperação Econômica e de Desenvolvimento da Alemanha (BMZ). O conteúdo da publicação é responsabilidade exclusiva de Evgeny Morozov e Francesca Bria e não representa necessáriamente a posição da FRL.

FUNDAÇÃO ROSA LUXEMBURGO
Escritório Brasil – São Paulo
Diretor Torge Löding

Rua Ferreira de Araújo, 36
05428 000 São Paulo SP
rosalux.org.br

[cc] Evgeny Morozov, Francesca Bria, 2018
[cc] Ubu Editora, 2019
[cc] Fundação Rosa Luxemburgo, 2019

Somente alguns direitos reservados. Esta obra possui a licença Creative Commons de "Atribuição + Uso não comercial + Não a obras derivadas" (BY-NC-ND)

TÍTULO ORIGINAL
Rethinking the Smart City – Democratizing Urban Technology

COORDENAÇÃO EDITORIAL Daniel Santini e Florencia Ferrari
ASSISTENTES EDITORIAIS Isabela Sanches e Júlia Knaipp
PREPARAÇÃO Maria Fernanda Alvares
REVISÃO Rita de Cássia Sam e Hugo Maciel
DESIGN Livia Takemura
ADAPTAÇÃO DE DESIGN Nikolas Suguiyama
DIREÇÃO DE ARTE Elaine Ramos, Julia Paccola
    e Nikolas Suguiyama (assistentes)
PRODUÇÃO GRÁFICA Marina Ambrasas
COMERCIAL Luciana Mazolini, Anna Fornier
COMUNICAÇÃO / CIRCUITO UBU Maria Chiaretti,
    Walmir Lacerda
DESIGN DE COMUNICAÇÃO Marco Christini
GESTÃO CIRCUITO UBU / SITE Laís Matias
ATENDIMENTO Micaely da Silva

2ª edição, 2023

Dados Internacionais de Catalogação na Publicação (CIP)
Elaborado por Odilio Hilario Moreira Junior – CRB-8/9949

Morozov, Evgeny (1984–)
Bria, Francesca (1977–)
   A cidade inteligente – Tecnologias urbanas e
   democracia / Evgeny Morozov, Francesca Bria;
   traduzido por Humberto do Amaral; prefácio de
   Rafael A. F. Zanatta.
   São Paulo: Ubu Editora, 2019. / 160 pp. / 2ª edição, 2023.
ISBN   978 85 7126 131 0

1. Cidades inteligentes. 2. Soluções tecnológicas. 3. Gerenciamento urbano. 4. Infraestrutura. I. Bria, Francesca. II. Amaral, Humberto do. III. Título.

2019-1577   CDD 711 CDU 71

Índice para catálogo sistemático:
1. Planejamento urbano 711   2. Planejamento urbano 711

UBU EDITORA
Largo do Arouche 161 sobreloja 2
01219 011 São Paulo SP
ubueditora.com.br

 /ubueditora

TIPOGRAFIA Space Mono e Alegreya, tipografias
open-source desenhadas pela Colophon Foundry e
Huerta Tipográfica, respectivamente.
PAPEL Pólen Bold 70 g/m²
IMPRESSÃO Margraf